JN097533

小学校

「動き」のある

道徳科授業のつくり方

磯部一雄・杉中康平

［著］

東洋館出版社

はじめに

　私たちは、子どもたちが主体の授業、かつ心が動く授業づくりに取り組んできました。そのために体験的な学習の要素をより効果的に取り入れ、「自己の（人間としての）生き方についての考えを深めること」を目指して開発されたものが、「動き」のある授業です。

　この授業方法は、札幌市立北野台中学校の磯部と四天王寺大学の杉中が過去5年間全国各地で、小・中学生や高校生を相手に実際に授業をし、数多くの実践を通して、その有効性を検証してきました。この点については、2018年より、日本道徳教育学会、日本道徳教育方法学会、日本道徳科教育学会の場でも、その成果を発表しています。

　現在、コロナ禍によって授業に様々な制限、制約がかかっていますが、タブレット端末を活用した授業のつくり方において、その特性を生かし、いかに対話交流を活性化するかについても、私たちは「動き」のある授業が有効であることの検証を進めています。

　本書は、2020年6月に発刊した『中学校「動き」のある道徳科授業のつくり方』の小学校版です。前半の理論編では、「動き」のある授業の「授業像」を示しています。後半の実践編では、15教材の「動き」のある授業法について、すぐに授業ができるように具体的にその展開例を示しています。

　1人でも多くの先生に本書をご活用いただき、子どもたちの豊かな道徳性の育みに質するための、道徳科の授業づくりに役立てていただければ幸いです。

　本書の作成に当たり、東洋館出版社編集部の近藤智昭氏には、企画立案当初から労をとっていただいたことを、心より感謝申し上げます。

2021年6月

磯部　一雄

目　次　CONTENTS

第 1 章

「動き」のある道徳科授業のつくり方 理論編

「動き」のある授業とは（定義）

　「動き」のある授業は、以下の2つの「動き」によって構成される授業です。

1　「動きⅠ」：場面再現の「動き」

2　「動きⅡ」：ホワイトボードとマグネットを活用した対話・交流の「動き」

　これらの「動き」によって、児童の心を動かす主体的・対話的な授業を目指しています。（＊この授業法は、2017年〜2019年に行われた日本道徳教育学会、日本道徳教育方法学会、日本道徳科教育学会で、私たちが発表した授業法です）

1　「動きⅠ」：場面再現の「動き」

　　　登場人物への「自我関与」を深めることをねらいとした、教材の場面
　　を再現化する活動
　　➡「役割演技」や「動作化」等の手法を用いて行う。

　「動きⅠ」は、教材上の設定に沿って「音」、登場人物の「せりふ」「表情」「行動」などを、ペアや学級全体など、様々な形態で表現＝再現するものです。

　実際に登場人物の行動や仕草などを演じることで、物語の登場人物への「自我関与」が深まり、一読しただけではなかなか理解できない登場

拍手をする場面の再現

主人公の思いを表情豊かに表現する再現

ペアで再現する「動き」

人物の心情や生きざまを理解することが容易になります。

　また、この活動を取り入れることによって、児童が教材をどの程度把握しているか、考えるべき「道徳的価値」をどのように理解しているかを、授業者である教師が確認することができます。さらに、主体的に学習に取り組む姿、真剣に考えようとする姿などの見取りが容易になり、評価の材料をより多く集めることができます。

　場面再現の「動き」の授業形態は、次の５種類です。

　①教師代替の「動き」
　②全員参加の「動き」
　③グループ（ペア）の「動き」
　④その場での「動き」（１人の「動き」）
　⑤代表児童の「動き」

　授業形態は、教材の特質によって決まります。その具体については、第２章で説明します。

POINT 授業者が実践しやすく、児童が「自分事」として考えやすい

　せりふや表情など、その状況を再現する活動を、短時間、その場で取り入れることで、授業者である教師が実践しやすくなるだけでなく、児童にとっても教材内容の理解が容易になり、「自分事」として考えやすい環境が整います。そのため、特に言語活動を苦手とする児童も考えやすい学習環境が整い、どの児童にも活躍の場を保障することができます。

　児童が「自己を見つめ」「多面的・多角的に考える」ことをねらいとして、ホワイトボードとマグネットを活用して対話・交流する活動。
➡ホワイトボードとマグネットを活用して、児童が相互評価、自己評価の活動を行う。

　「動きⅡ」は、ホワイトボードやマグネットを活用し、積極的に自己の思いや考えを表現し、相互交流を図る「動き」です。これにより、児童が「多面的・多角的」に考えることを支援することができます。

１人１枚・ホワイトボードの活用

①１人１枚のホワイトボードに自分の思いや考えを表現する

　ホワイトボードは、１人１枚で使用します。ホワイトボードは何度でも、いつでも書き直すことができる利点があります。

②ホワイトボードを黒板に掲示し、考えをオープンにする

　ホワイトボードを一斉に黒板に掲示することによって、教室にいる全ての意見を同時に確認（＝見える化）することができ、相互交流の可能性を広げ

全員で同時に確認（＝見える化）

POINT 文字だけではなく、イラスト等も使って、自由に思いを表現する

　道徳科の学習活動の基本は、「考える」ことです。書くこと、まとめることは、道徳科の目的ではありません。思いや考えをまとめられないときには、無理をして書かないことも大切であるという、学習のルールをつくりましょう。また、少ない文字数にしたり、イラストなどで表現することも認めましょう。児童一人一人の個性を尊重し、自由な発想を表現できる機会にしていきましょう。

ることができます。

③マグネットを置き、相互評価と自己評価を行う

ホワイトボードの全意見を読み、マグネットによる相互評価を行います。

マグネットによる相互評価

●緑のマグネット：共感できる意見に置く

●青のマグネット：もう少し考えを聞いてみたい意見に置く

マグネットの色は、赤や黄は色覚に課題がある児童に配慮する必要があります。本書では共感を得やすい色として「緑」を、より深く考えやすい色として「青」を使用しています。

この置かれたマグネットを基に、対話・交流を進めていきます。それらを通して、他者の意見を知ることができるだけでなく、自己の考えを多面的・多角的に再考すること（＝自己評価）ができるのです。

3　タブレット端末の使用

令和３年度からは「GIGAスクール構想」によって、１人１台のタブレット端末が整備されています。この端末を、「デジタル・ホワイトボード」として活用することも可能で、道徳科においても実践を始めています。

この実践については、26ページ以降で説明します。

タブレット端末のデジタル・ホワイトボード化

この実践については、26ページ以降で説明します。

POINT マグネットの活用は、児童の実態に応じて

　マグネットは、相互評価と自己評価の結果を示します。評価の目的を考えると、児童の主体的な学習活動が萎縮することは避けなければなりません。特に、特別な支援を要する児童の場合は、注意が必要です。

　児童一人一人の実態に応じ、柔軟にマグネットを活用することで、児童自身の自己評価力が高まるようにしましょう。

「動きⅠ」：場面再現の「動き」

「動きⅠ」：場面再現の「動き」は、教材上の設定に沿って、その場面の音や状況、登場人物の思い、せりふ、表情、行動、仕草などを、個人だけでなく、ペアやグループ、学級全体等、様々な形態で表現する活動です。

再現化には、自己の思いが入らない演技となり、有効性がないという議論もありますが、私たちが考える場面再現の「動き」では、必ず児童一人一人の思いが必ず入ります。グループや学級全体で行う場面もあるので、思いを共有しやすい特性もあります。さらに、役割演技のように、役割を決めるなどの事前の準備がいりません。

この有効性について、私たちは、以下のように考えています。

場面再現の「動き」の有効性

役割演技等の活動の長所を活かしつつ、せりふや場面状況を再現する活動を、短時間、その場で取り入れることで、

①授業者である教師が、実践しやすくなる。

②児童にとって、教材内容の理解が容易になり、「自分事」として考えやすくなる。

③特に、言語活動が苦手な児童にも考えやすい学習環境を整え、どの児童にとっても、活躍の場を保障できる。

④「生き方についての考えを深める」道徳科のねらいの実現に大いに役立つ。

「動きⅠ」で何を表現するのかは、以下のようなものが挙げられます。

①**教材情景の再現**：例えば、「うしろ姿を見続けた」という表現の場合、見続ける人物、見られている人物、そして、そのまわりの情景を想像することが可能になります。空気感を含め、どんな情景なのかについて考えを広げ、想像し、再現につなげます。このことにより、より深く教材内容の理解を深めることができます。

②**音の再現**：音は教材を深く理解する上で、重要なキーワードになります。拍手や歓声を想像することで、読み手である児童も同じような感動を分かち合うことができます。その音を再現する疑似体験から、聴覚からの刺激を受け取り、考えをより深めていきます。

③**登場人物の思いを再現**：例えば、「下を向いて考えた」という表現の場合、「下を向く」という行為に登場人物の思いや考えが示されています。しかし、直接的な言葉では表現されていません。また、その時間がどの程度の時間だったのか、その表情等の様子についても叙述されていません。ここを再現することで、「読み手＝児童」の想像が一気に広がり、「自分なら」という発想が生まれ、より深く自分事として考える環境が整います。

④**児童の自覚の再現**：「自分なら」という発想から、より深く自分事として考えることができれば、その結果を表現することも可能になります。「下を向いて考えたとき、本当は自分の結論は出ていたと思う」という考えに至った児童がいるならば、解説させるだけでなく、その思いを体で表現してもらいます。そうすることで、下を向いた後の行動も想像することができ、自覚がさらに深まっていきます。

POINT 児童の力を信じて表現させる

　思いきり主体的に表現させたほうが、よりねらいに迫ることができる教材の場合は、児童の力を信じて表現させるべきです。その際、あえて収拾を付けようとせずに、肯定的に受け止めることが大切です。

道徳的諸価値の理解に基づく前理解を表出する「動き」

考えの差異を認め合い、受け止め合い、広い視野で想像をふくらまし、多様に考えを深めるきっかけとなる

「自分なら、こんなことはしない」「主人公は、なぜこんなことをするのか？」など、範読直後に感じた自己の思いや考えは、個々の前理解に大きな影響を受けます。

道徳科の授業で教材を読み、登場人物の道徳的行為の良し悪しを見つめる場合、その判断基準が必要になります。その基準は、児童自身が授業以前から持ち合わせている理解（＝前理解）に基づくと言えます。

道徳的価値に対し、児童一人一人の思いや考えには差が存在します。例えば、友情に対する考えは、辛い経験があった子とない子では前理解に差があります。負の思いが強すぎると、これからの生き方に大きな影響を与えかねません。差異を認め合い、受け止める時間として、道徳科の授業がよいきっかけになる必要があります。

そこで、前理解の差異を認め合い、受け止め合い、広い視野で想像をふくらまし、多様に考えを深めるきっかけとするのが、前理解を表出する「動き」です。

前理解とは

道徳科の授業で学ぶ前から、児童はそれぞれの道徳的価値について、「それなりの理解」をもっています。つまり、分かったつもり、知っているつもりになっているのです。道徳科の授業で学び直しをする「前」の段階の道徳的価値の理解を「前理解」と言います。

『バスと赤ちゃん』（廣済堂あかつき　他）

バス内で起こった乗客全員の拍手の場面を、全員参加の「動き」で再現する。

主　題：思いやりの温かさ

ねらい：互いを思いやる心の素晴らしさ
に気付き、誰に対しても親切に
する思いやりの心を大切にしよ
うとする心情を育む。

乗客全員の拍手の場面

　この教材は、実話です。１人の乗客の拍手の後、数秒の間の後に乗客全員の拍手が起きます。「乗客全員の拍手の場面を再現してみましょう」と指示すると、児童はこの光景を想像します。このとき、乗客の表情や様子などは、児童一人一人の前理解に基づいて想像していきます。当然、個々の想像なので、差異が生まれます。

　ねらいとする道徳的価値に向き合うためには、他者との差異を認め合い、受け止めることが必要です。『バスと赤ちゃん』は共感する部分が非常に多いので、前理解を表出する「動き」を積極的に取り入れることで対話が活発になり、考えを深めるきっかけにすることができます。

POINT 共感や違和感など、児童が感じた直感を生かす

　共感、違和感など、教材と出会ったときに感じた「第一印象＝直感」を生かすことで、自分事として考えやすい環境が整います。授業開始時に、この環境が整うことで、児童の主体性が一気に高まり、児童主体の授業が自然と進んでいきます。

　当然、教材の特性や児童の実態によっては、直感を生かすことができない場合もあるかもしれません。授業者は、事前にその見極めをすることが大切です。

道徳的価値に向き合い、自己を見つめる「動き」

「自分なら、どう思うか？」という思いから、時には自己の在り方までを見つめる

　道徳的価値に向き合い、自己を見つめる「動き」は、主題に迫るための「動き」です。主人公は、道徳的問題の解決を図るために、葛藤したり、逆に迷わずに思いを貫こうとしたりします。このような場面の主人公に、自己を重ねるように場面を再現していきます。

　主人公の「動き」は、副詞句から想像をふくらませることができます。例えば、「じっと下を向いていた」の「じっと」からは様々な場面が浮かぶはずです。ここを、児童が自由に体を使って表現（再現）するのです。この思考過程で「自分なら、どう思うか？」という思いが浮かぶようになります。

このように、様々な場面を想像し、考えては消え、考えては消えるかのような思考を繰り返すことで、何となく、あるいはある一定の納得解を得ていきます。時には、自己の在り方まで見つめるようにもなります。

　従来の授業では、言葉だけで他者との意見交流を行っていましたが、

「じっと下を向いていた」様子を表現する児童

この「動き」によって、言語活動が苦手な児童でも自由に考えを表現することができるようになり、より簡単に道徳的価値に向き合うことが可能になります。

実践例 『ちいさな ふとん』（光村図書）

「わたしがおねえちゃんよ。よろしくね」と言って握手する場面を、その場での「動き」で再現する。

主　題：大きく育って

ねらい：生まれたばかりの弟の様子から、自分の成長に気付くよしこの姿を通して、命を大切にしようとする心情を育む。

「わたしがおねえちゃんよ。よろしくね」
と言って握手する場面

　上記のねらいに迫るために、よしこの思いに着目して自我関与することが大切です。特に、この教材で重要なポイントは、よしこが感じた熱、ぬくもりなどの触感です。この点は、言語的に分析するよりも動作やしぐさを再現しながら想像したほうが考えやすくなります。特に、ぬくもりを感じたときの表情等にも着目すると、より深く考えることができます。

　その上で、「よしこさんは、自分の手と比べてみて、どんなことに気付いたと思いますか？」と問いかけます。直感的に感じた手のぬくもりから、よしこさんの気付き、発見を探ることで、命の尊さ等の道徳的価値そのものに向き合っていきます。

　このように、内面に明確な表現が思いつかないときに、まず「やってみる（再現する）」ことで、気付き、発見を得ることができるのが、道徳的価値に向き合い、自己を見つめる「動き」になります。

POINT 場面再現の「動き」は、目的ではありません

　場面再現の「動き」は、目的ではありません。あくまでも教材に深く自我関与するための手段です。「自然愛護」「畏敬の念」など、場面再現の「動き」が難しい教材もあります。児童一人一人が自己の思いや考えを深めるための一手法として、場面再現の「動き」があるのです。

「動きⅡ」:ホワイトボードとマグネットを活用した対話・交流の「動き」

ホワイトボードの活用
全意見の見える化によって相互交流の可能性を広げる

　「動きⅡ」でのホワイトボード活用は、児童一人一人の思いや考えを、同時に確認することができます。通常の授業では、挙手による発言や指名発言の機会がないと、児童一人一人の思いや考えを表現することはできません。場合によっては、授業中に一度も自分の考えを表現せずに終わってしまうことも多々あります。これでは、個々の意見は「ブラックボックス」の中に隠れたままです。

　主体的・対話的な学びを通して、自己の考えを深めていく道徳科の授業では、一人一人の思いや考えが、できるだけオープンになっていることが大切です。「動きⅡ」のホワイトボード活用は、その機会が均等に与えられています。そして、同時に「ブラックボックス」の中がオープンになり、他者の思いや考えを読み合うことになり、相互交流の可能性が一気に広がります。

ホワイトボードは、授業者の解釈が入らない、児童の生きた言葉

　　板書の記録は、時に授業者の解釈によってキーワードのみを書く場合が大半です。授業者の判断が適切でなければ、児童の伝えたい部分を間違える可能性があります。ホワイトボードの言葉は、児童が選んだ、思いが詰まったものなので、そのまま活用することが大切です。

マグネットの活用は、児童同士の**相互評価と自己評価**の場です。

①マグネットの活用による相互評価とは

　全意見を時間をかけて読み、互いの共通点や相違点を見つける学習活動。

　表面的な言葉の表現を追うのではなく、その言葉に込められた思いや考えをつかむために、時間をかけてしっかりと交流することが大切です。

②マグネットの活用による自己評価とは

　マグネットの結果を基に対話、交流することを通して、改めて自己を見つめ直す学習活動。

　対話交流は「合意形成」を図ることが目的ではありません。様々な視点から自己の考えを多面的、多角的に再考することが目的になります。

　私たちは、これらの活動を**「学習活動と評価の一体化」**と呼んでいます。

　このように、授業の中に児童同士による評価活動が位置付けられることで、児童が自らの力で自己評価力を高めていくことにつながります。

POINT 学習活動と評価の一体化で自己評価力を高める

　「指導と評価の一体化」は授業者側の視点で、授業改善に生かすために行われるものですが、「学習活動と評価の一体化」は学習者側の視点で、自己評価力を高めるために行われます。

　道徳科の授業で育成すべき自己評価力は、①自分自身の過去の行為を見つめる力、②自分自身の「前理解」を見つめる力、③自己の前理解と登場人物の考えの違いを見つけ、考え、判断する力、④他者との対話の中から、他者の考えと自己の考えを比較し、判断する力、⑤自己の内面との対話の中から、道徳的問題を見出し、考え、判断する力、⑥自己の学習状況を的確に振り返る力、⑦自分自身のこれからの生き方の考えを深める力などです。「動きⅡ」は、まさに自己評価力を高める学習活動なのです。

ホワイトボードの活用

主体的・対話的な相互交流の場としての活用

　「動きⅡ」においてホワイトボードを活用することで、主体的・対話的な相互交流が活発になります。前項でも説明したように、全員の思いや考えが同時に確認することができ、互いの思いや考えを認め合うことができるからです。

POINT1 創意工夫された黒板の活用

　右図のように、全児童のホワイトボードを掲示すると、黒板面積の大半を占有してしまいます。

全員の思いや考えが同時に確認し、
互いに読み合うことができるホワイトボード

　このような場合、右下図のように大型TVや電子黒板を活用してめあてや発問等を提示したり、複数枚のホワイトボードを活用するなどして対応します。これにより、相互交流の場としての黒板に様々な気付きなどを書き込むスペースができ、より活発な対話の材料を増やすことができます。

大型TVや電子黒板の活用

児童数が多い場合、授業全体の時間配分に留意する必要があります。主体的・対話的な相互交流の場としてホワイトボードを活用するためには、そのための十分な時間を確保する必要があります。

28名分のホワイトボード

①範読＋場面再現の「動き」＋発問：20分
②ホワイトボード対話　　　　　　：20分
③終末　　　　　　　　　　　　　：5分
＊感想は、自宅で再読後に記入。

できれば、全ての意見を紹介し、感想も書かせたいところです。しかし、授業で行う手法は、全てねらいに迫るためにあるので、何を重点に定めるかが大切です。

授業では、児童一人一人の考えや思いを尊重し、主体的・対話的な相互交流を行います。したがって、学級活動や教科指導のグループ学習のような話合いの考えをそのまま当てはめることはできません。

NG ・１つの言葉で表現できるような「正解探し」をする。
　　・話し合って、折り合いをつけ、「合意形成」を図る。
　　・グループでの学習を通して、何らかの「結論」を出す。

１枚のボードにグループの意見をまとめる学習過程で、ややもすると、リーダーや発言権のある児童主導の話合いになってしまい、少数派の意見は埋没し、意見を自由に言える可能性が失われます。「グループで話し合うと、対話は成立しない」とまでは言いませんが、学習過程で少数派の意見が埋没するような授業展開は避けなければなりません。

マグネットの活用

相互評価と自己評価の場としての活用

　「動きⅡ」でのマグネットの活用は相互評価と自己評価の場で、学習活動の中に評価活動が位置付けられています。そのため、ねらいとする道徳的価値について、自己の考えについての再確認や気付き、発見から、考えを深めていく過程を実感しやすくなります。

POINT1 「マグネットを置く意味」をしっかりと理解させる

　右図は、本校の授業記録です。この意見には、共感も質問も同程度寄せられていますが、決して付和雷同的に置かれたものではありません。

　相互評価は、場合によっては相手に心理的ダメージを与えること

マグネットの記録

もあるので、学習のルールとして「マグネットを置く意味」をしっかりと理解させることが大切です。

　マグネットの結果は、自己の考えを深めるきっかけになるものです。真剣に考えることを続ければ、付和雷同的な行為は恥ずかしいと考えるようになります。

　マグネットは、相互評価と自己評価の結果を示します。学習活動に児童自身の評価活動が含まれています。

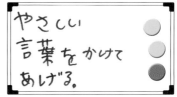
特別支援学級でのマグネットの記録

　右図は、特別支援学級でのマグネット記録です。この学級では、教師３名が評価者として毎時間、参加しています。そのため、配慮を必要とする児童がいる場合でも、全ての児童にマグネットを置くことが可能です。自己の考えを深めることが道徳科のねらいなので、マグネットの結果によって考えが萎んでしまうことは避けるようにします。

　教材の特性や授業の展開によっては、マグネットを置けない場合もあります。前項でも説明したように、児童が真剣に考える過程で、前理解との差に困惑し、ホワイトボードに書けないこともあります。

　このような授業は、ある意味素晴らしく、児童にとっては貴重な経験になります。右図は、まさに思考が混乱した児童がホワイトボードを前に考え込んでしまった場面を撮影したものです。このような場合は、マグネットを置くことはできないので、しっかりとねらいとする道

マグネットを置けないホワイトボード

徳的価値そのものに向き合うことを優先すべきです。

　また、「マグネットを置くべき意見が見つからない場合は、置かなくてもいい」という学習ルールも決めておきます。結果としてマグネットが置かれない場合があっても、その結果を受け止めることも、大切な学習活動であることを理解させます。

「動き」のある授業で育まれる「自己評価力」

「評価」を生かした授業づくりには、以下の２つの視点が必要です。

① 「児童の学びの評価」と「道徳科の授業評価」とを一体化させる視点
② 児童の「自己評価力」を育成する視点

1 「児童の学びの評価」と「道徳科の授業評価」とを一体化させる視点

道徳科の授業を通して児童の成長を願うのであれば、児童の学習状況を把握し、「評価」したことを児童に伝えるだけでは不十分です。児童の成長に寄与できるような授業を構築していくための、授業改善の参考資料として活用していくことが必要です。

つまり、児童の学びに対する評価と授業者の指導に対する評価は、一体のもの（＝「**指導と評価の一体化**」）でなければならないのです。

教師は、授業後の児童の振り返りや感想などを参考にしながら、次時以降

児童の学びに対する評価
（＝児童の成長）

道徳科の授業

道徳科の授業に対する評価
（＝授業改善）

の授業改善に努めるのはもちろんのこと、１時間の授業の中においても、その時々の学習状況を見取りながら、その都度、指導の改善や軌道修正に努めることが必要です。

　授業中においては、発問に対する児童のそれぞれの答えに対して、どうしたら、さらに深めることができるのかを考え、「揺さぶり」や「問い返し」などの追発問をしていくことも、児童の学習状況の評価と授業改善を一体化させた取組であると言えます。

2　児童の「自己評価力」を育成する視点

　私たち教師は、ややもすると、自らを「評価者」、児童を「被評価者」と、固定的に捉えがちです。しかし、教師は、児童の学習に対する「評価者」であるだけなく、児童の学習状況によって、自らの指導の在り方を、常に評価されている「被評価者」の立場にもあるとも言えます。

　一方、児童にとっては、教師だけが「評価者」ではありません。共に授業に参加し、共に学んでいるクラスメイトは、「相互評価者」として大切な存在です。授業中のペアやグループでの交流も、相互に評価し合う活動に発展させていく必要があります。

　そして、何よりも、**児童一人一人を、自己の学びをしっかりと評価でき、これからの生き方に反映させていく「自己評価者」として、我々教師は育てていかなければなりません。**

　児童が「自己の学びを評価できる」力、「生き方についての考えを深める」力を自ら育てるためにこそ、教師による「評価」が必要なのです。教師が児童の学びを評価し、それを通知表等で評価文の形で伝えるのは、そのための支援の１つに過ぎないのです。

　児童自らが、自分自身の学びに対する評価をするという、自己の生きる力の育みにつながる評価こそが、道徳科の評価の原点であることを認識しなければなりません。

「動き」のある授業だからこそ実現できる「自己評価力」の育成

　道徳科の授業において、「自己評価力」育成の必要性については、少数ではありますが、ここ近年、語られるようになってきました。

　押谷由夫氏（2013）は、「道徳の時間」を「道徳科」へと改革する端緒を開くことになった中央教育審議会道徳教育専門部会の議案に関する意見で、以下のように述べています[1]。

> 「特別の教科　道徳」（仮称）の評価は、児童生徒自身が自己評価力を高め、課題を見いだし、自己指導できる力の育成に資するようにすることが大切です。

　確かに、これまで、私たちは、教師にとっての「指導と評価の一体化」の視点を大切にしながら、授業づくりを行ってきました。

　そして、ややもすると、児童の「学び」に対しては、「評価者は教師、被評価者は児童」という固定観念に縛られてきた傾向はなかったでしょうか？

これまでの道徳科における「評価」
児童の学びの評価

誰が？　教師

評価者は　教師
被評価者は　児童

誰に？　児童

　しかし、授業中に児童が「自己を見つめる」こと（＝自己評価）を大切に考えるならば、児童自身が「自己の学びに対する評価者になる」という視点

を大切にしなければなりません。

　さらに、これまで、児童の「振り返り（＝自己評価）」は、授業の「終末」に感想を書くという活動に限定されてこなかったでしょうか？

　これからの道徳科授業においては、**児童にとっての「（学習）活動と評価の一体化」**の視点から、授業中に「評価」の学習活動を具体的に位置付ける必要があるのです。

これからの道徳科授業像
児童の学びの評価

　そして、これを可能にするのが、「動き」のある授業なのです。

　「動き」のある授業には、ホワイトボードとマグネットを用いて、児童同士が、互いの意見を「吟味し合う」活動があります。この「相互交流」によって、「相互評価」をすることで、さらに自分自身の考えを見つめ直すことができるのです。この学習活動こそが、「自己評価」につながるのです。

1）『第6回中央教育審議会道徳教育専門部会の議案に関する意見 押谷由夫主査提出資料』
　　（2013年）

GIGAスクール構想と「動き」のある授業の関連

デジタルのよさを「動き」のある授業に生かす

文部科学省は、GIGAスクール構想について、次のように示しています。

「GIGAスクール構想」とは

- 1人1台端末と、高速大容量の通信ネットワークを一体的に整備することで、特別な支援を必要とする子供を含め、多様な子どもたちを誰一人取り残すことなく、公正で個別最適化され、資質・能力が一層確実に育成できる教育ICT環境を実現する。
- これまでの我が国の教育実践と最先端のICTのベストミックスを図ることにより、教師・児童の力を最大限に引き出す。

私たちが「動き」のある授業を考えた原点は、以下のことです。

児童一人一人の思いや考えを、誰一人取り残すことなく受け止めたい。

児童一人一人の思いや考えを、自由に平等に表現できる場を設けたい。

自己評価力を高め、自己の力で生きる力を培ってほしい。

よって、「特別な支援を必要とする子供を含め、多様な子供たちを誰一人取り残すことなく」「教師・児童の力を最大限に引き出す」は、「動き」のある授業の原点に極めて近いものがあると考えます。

　文部科学省が示した**「学びの活用　ICTの『学び』への活用　"1人1台"を活用して、教科の学びを深める。教科の学びの本質に迫る」**では、例として道徳科については挙げられていません。しかし、道徳科においても、「すぐに」「誰とでも」ICTを活用することができます。

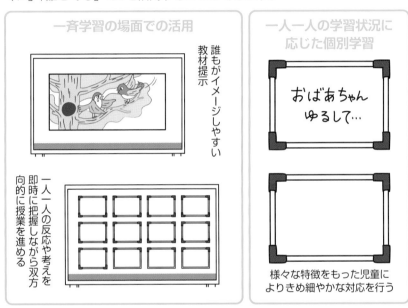

一斉学習の場面での活用

教材提示　誰もがイメージしやすい

一人一人の反応や考えを即時に把握しながら双方向的に授業を進める

一人一人の学習状況に応じた個別学習

おばあちゃん　ゆるして…

様々な特徴をもった児童により
きめ細やかな対応を行う

　道徳科の教材には、文字数が多い教材や自然関連教材等があります。そのような場合は、デジタルの特性を生かして教材提示することで、教材理解が深まり、より自分事として考えやすくなります。

　使用するタブレット端末は、「デジタル・ホワイトボード」になります。道徳的価値に向き合うような中心発問に対する思いや考えを即座に把握できるとともに、相互交流を簡単に図ることができます。授業者は学習状況も把握しやすく、きめ細やかな対応ができるようになります。

　このように、GIGAスクール構想がねらっているところは、「動き」のある授業の目指すところと非常に近いことが分かります。

1人1台端末を活かす
道徳科の授業

「学習者用デジタル教科書」のよさを「動き」のある授業に生かす

教材の提示　〜「学習者用デジタル教科書」の活用〜

　2021年2月22日、デジタル教科書の今後の在り方等に関する検討会議が、デジタル教科書の無償化や、新たな教科書検定の在り方を検討するよう求める中間まとめ案を策定しました。

　「デジタル教材や他のICT機器・システムとの連携によるメリットの例」では、

> デジタル教材との連携がしやすく、動画や音声等を併せて使用することで、学びの幅を広げたり、内容を深めたりすることが容易。

としています。

　しかし、2019年より授業で使える教材となったデジタル教科書の普及状況は、2020年3月1日現在で、

- ・小学校　7.7%
- ・中学校　9.2%

にとどまっています。この要因の1つは、利便性にやや欠けていることです。そもそも現行のデジタル教科書は、紙の教科書の内容の全部（電磁的記録に記録することに伴って変更が必要となる内容を除く）をそのまま電磁的に記録したもので、授業者が求めるような利便性は備わっていません。

　では、現行デジタル教科書を道徳科で活用するときに期待されることは何でしょうか。私たちは、以下の点に着目しています。

①機械音声読み上げ機能

　この機能は、朗読を実際の教科書紙面や、挿絵を見せながら流すことができる機能です。１人１台の端末であればイヤホン等を使い、一時停止機能を活用することで、個々のスピードで読みを進めることができます。

　これにより、中間まとめ案でも示されたように、読み書きが困難な児童の学習を支援することができます。従来の教師の範読では、内容理解が難しいと感じた場合でもあっても、範読を止めることができなかったというデメリットを解消することが可能です。

②振り仮名表示機能

　児童にとって読みが難しい語句には振り仮名を付けることで、教科書教材を活かすことが可能になります。特に、特別な支援を要する児童に対しては、絶対に必要な事前準備になります。しかし、その作業は時間がかかります。この振り仮名表示機能があれば、その負担を解消することができます。

③文字・強調表示機能

　授業展開が教科書本文のどの部分を扱っているのかを、色を付けたり、拡大したりするなど強調して授業者が表示することで、児童が素早く、その場所を理解することができ、時間短縮にも効果があります。

④二次元コード対応コンテンツ

　教材と深く関わる動画や音声など、教科書と連動したコンテンツを視聴することで、児童の理解を深めることができます。

デジタル・ホワイトボードを活用した対話

　1人1台のタブレット端末は、「動き」のある授業において従来から活用しているホワイトボード（「アナログ・ホワイトボード」）を、「デジタル・ホワイトボード」に替えることを可能にします。

「デジタル・ホワイトボード」の特性
①授業者が記入状況を、瞬時に確認することができる。
②黒板に掲示しないため、黒板の活用用途が広がる。
③児童も他者の記入状況を、瞬時に視認することができる。
④いつでも修正して、再提出することができる。
⑤黒板前の密集を避けることができる。

①授業者が記入状況を、瞬時に確認することができる

　授業者は机間巡視しながら、同時に全意見を確認して学習状況を把握することが簡単にできるようになります。さらに、参考にしたい意見などを大画面に表示することも簡単です。これにより、授業の効率化を図ることができます。

②黒板に掲示しないため、黒板の活用用途が広がる

　「デジタル・ホワイトボード」を大型TV等に映すなどして、対話の意見を黒板にどんどん記入することも可能になります。

③児童も他者の記入状況を、瞬時に視認することができる

　道徳科の授業では、１つの言葉で表現できるような正解はありません。自己の思いや考えをうまく文章化できない児童にとっては、他者が使っている言葉や言い回しは、ちょっとしたヒントになります。

④いつでも修正して、再提出することができる

　再提出の作業が簡単で、対話の途中で意見を変えたい、修正したい場合も、自分のタイミングで変更することができ、授業の進行を妨げることがなくなります。

⑤黒板前の密集を避けることができる

　「アナログ・ホワイトボード」の場合、どうしてもマグネットを置く場面で密になってしまいます。教室の大きさが十分でないときは、人数制限を設けなければならないときがあり、十分に他者の意見を確認することができないことがありました。

　また、新型コロナウイルス感染予防対策により、密を避けなければならない場合には、さらにソーシャルディスタンスを確保しなければならず、「アナログ・ホワイトボード」の使用ができない時期もありました。「デジタル・ホワイトボード」は、これらの問題を一気に解決することができます。

　もちろんデメリットもいくつかありますが、一番の問題点を挙げるとすれば、

・児童が画面を見る時間が長くなり、視線
　が下がり、相互の会話がしづらくなる。

ことです。

　この問題を解消するためには、提出され

長い時間目線が下がるデメリット

た資料を大画面で投影するなどして、視線を上げる工夫が必要になります。

　デジタル機器は、あくまで教具にすぎません。授業者がいかに有効に活用するかがポイントです。やる前から「できない理由を探す」のではなく、「どんなことができるかを探す」ことが大切だと思います。

デジタル・ホワイトボードを活用した実践例

「SKYMENU Class 2016」の特徴
◎アナログ・ホワイトボードと同じ面積で、書きやすい。
◎デジタルペンの動きが滑らかで、書きやすい。
○マグネットの代わりは、図形で描くことになる。

　右図は、2019年6月に「アナログ・ホワイトボード」による黒板面積の問題解消に向けた取組の一環として、本校の中学校2年生で試験的に行ったものです（本校では、Windowsタブレットに「SKYMENU Class 2016」がインストールされています（2021年3月現在））。

「SKYMENU Class 2016」の活用①

　サイズを見ると、端末の面積が通常使用している「アナログ・ホワイトボード」とほぼ同じ面積で、本校の生徒にとっては書き慣れたサイズ感で書きやすかったという評価を得ていました。また、「活用①」（上写真）の文字のようなデジタルペンの使用感においても評価が高かったです。

　また、提出された意見は複数並べて表示することができ、マグネットを置くのと同じように、緑や青のマークを書き込むことができます（「活用②」右写真）。

「SKYMENU Class 2016」の活用②

　「SKYMENU Class2016」で授業をする

場合、通常は「学級」を指定しますが、本校では、2学級合同・ティーム・ティーチングでの授業の場合も多いので、「グループ」に指定して行っています。

　この場合の手順は、

【授業者の操作】
　　a）授業開始　　b）グループ1を指定　　c）課題の配布
　　d）課題・受付終了
【学習者側の操作】
　　e）ボードに意見を記入　f）課題の提出
　　g）グループ1を選択
　　h）共感や質問のマークを記入し、対話・交流開始

になります。やや授業者側の操作が連続するので、慣れが必要かもしれません（現在は、「SKYMENU Class2020」にバージョンが変わっているので、操作等が違う可能性もあります）。

「Google・Jamboard」を活用した実践例

「Google・Jamboard」の特徴
◎道徳ノートの記録をそのまま活用することができる。
◎タブレット端末のカメラで撮影したら、すぐに画面に貼り付けることができる。
◎iPad版のステッカーを、マグネットの代わりに利用できる。
○付箋も活用できる。

　「Google・Jamboard」というアプリを使うと、簡単に「デジタル・ホワイトボード」化することができます。この手法の最大のメリットは、**道徳ノートの記録をそのまま活用することができる**ことです。
　端末にデジタルペンで書き込むことも、キーボードで打ち込む必要もありません。

下図は、道徳ノートに書いた意見を一人一人がカメラで撮影し、「Jamboard」に貼り付けたものです。

「Jamboard」を活用した授業の様子

操作手順
a) 左下のアイコン「＋」から「カメラ」を選択
b) 道徳ノートの写したい部分でシャッターを押す
c)「写真を使用」を押す
d)「Jamboard」にコピーされた写真を、指示された大きさに拡大縮小し、適当な場所に移動させる
e) ステッカーを貼り、対話・交流開始

　この手法であれば、今まで使い慣れている道徳ノートをそのまま活用することができます。

　iPadのJamboardアプリなら、様々な**ステッカー**もあります。簡単に貼り付けることができるので、「動きⅡ」のマグネットの代わりに活用することができます。

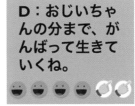
ステッカー（iPadアプリ）

　「**付箋**」機能を使う方法もあります。この機能を使うと、色を分けることもでき、見やすい画面にすることも可能です。しかし、前述した「デジタルペンでダイレクトに書き込む」のように、児童の生きた文字は見えてきません。どのような方法を使うかは、授業者が何を大切にするかで選択する必要があると感じます。

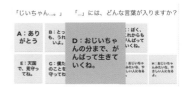
「Jamboard」の「付箋」機能

　「Jamboard」は、ボードの枚数を増やすことができます。しかし、画面を切り替えるよりは、一画面に全員の意見を掲示し、詳しく見るときだけ拡大するようにしたほうがいいと思います。その場合、どうしても写真が小さくなるので、レイアウトに工夫が必要です。

　注意点は写真対象の文字の大きさ、濃さなどです。Jamboardでは、写真の明るさなどを調整できません。太く濃い文字で書くことがポイントです。

ロイロノートの特徴
◎道徳ノートの記録をそのまま活用することができる。 ◎ノート写真やPDF等様々なファイルを回収し、一覧表示が簡単にできる。 ◎端末上で、意見の一致点や相違点、疑問点などを可視化することが簡単にできる。

「ロイロノート」も、簡単に「デジタル・ホワイトボード」化することができます。「Google・Jamboard」同様、**道徳ノートの記録をそのまま活用することができる**という特徴があります。

　手順は簡単で、道徳ノートの記録を写真に撮り、提出するだけです。写真はトリミングができるので、撮影にあまり気を遣う必要がありません。写真にはコメントも付けることができ、自由な表現が可能です。

　また、児童の意見の一致点や相違点、疑問点などを可視化することも可能です。教材の特性、児童の実態等を踏まえた授業づくりをバックアップしてくれる機能があります。

　ロイロノートの活用については、先行実践が数多くあります。研修会も行われているので、さらに詳しく知ることができます。

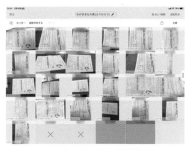

ロイロノート一覧表示

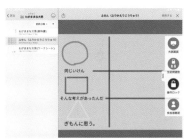

ロイロノート・グルーピング画面

「Whiteboard Fox」を活用した実践例

　「Whiteboard Fox」は、Web上で手軽にホワイトボードの共有ができるWebサービスです。アプリを必要としないので、URLを児童に伝えるだけで、同じホワイトボード上のものを見ることができるようになります。

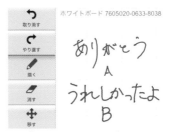

「Whiteboard Fox」の画面

　「Whiteboard Fox」は日本語に対応しているので、児童でも簡単に操作することができます。

　道徳ノートの記録をボード上に表示するためには、端末のカメラで撮影し、一度ローカルに保存する必要がありますが、オプションの「図の挿入」という簡単な操作で、貼り付けることができます。

　Zoomのホワイトボード機能と同じように、1枚の画面に、全ての児童が直接書き込めるので、意見の交流がしやすいという特性があります。

POINT デジタル機器をどのように活かすかを意識する

　オンライン会議ツールとしてのホワイトボードは数多くあります。デジタルホワイトボードはあくまでも教具の1つで、その使用自体が目的ではありません。児童一人一人が自己の考えを深めるために、他者と意見を交流し、自分自身の考えをもう一度見つめるための道具に過ぎません。主体的・対話的で深い学びに何が必要なのか、そのためにデジタル機器をどのように活かすかを、私たちはしっかりと考えることが必要です。

道徳科授業のデジタル化に向けて

　GIGAスクール構想の導入に関しては、賛否両論があることは事実です。研究者によっては「とんでもないことだ。道徳科には相応しくない」と言い切る人もいるようです。様々な角度から議論が行われることは、ある意味とても健全です。

　しかし、その議論によって現場で使用する先生を混乱させることだけは避けなければなりません。健全な議論が「やらない理由探し」に変わってしまっては、せっかくの政策の主旨を生かすことができません。

　設定制限の問題、操作の問題、使い勝手の問題、不慣れな操作から授業が中断してしまう問題など、課題が山積しているかもしれません。ソフト上の問題、使い勝手の問題は、私たちが使い込んでいくことで解決策が見つかっていき、バージョンアップしていくことで解決するでしょう。

　私たちは、「やらない理由探し」はしません。「何ができて、何ができないのか」をつかみ、「何ができるか探し」のお手伝いができないか、と考えています。

　これらの情報については、私たちが主催している「『動き』のある道徳科授業研究会」で発信していきたいと考えています。

「動き」のある道徳科授業研究会

小学校・中学校の道徳科授業において、目標である「自己の生き方について考えを深める（小学校）」「人間としての生き方について考えを深める（中学校）」を実現するために、令和2年4月より発足。児童生徒の心が動いて、自己を見つめられる「動き」のある授業づくりの研究をしている。

会の詳細はこちら

第 2 章

「動き」のある
道徳科授業のつくり方
実践編

1

教師代替の「動き」で学ぶ

教師代替の「動き」を行う際のポイント

教師代替の「動き」

　教材上の表現からは考えにくい場面や児童が恥ずかしがって演じたがらない場面などで、教師が児童に替わって再現することで、考えの「呼び水」として行う「動き」。

教師代替の「動き」のメリット
- 教材の内容理解が深くなる。
- 再現に対する不安を解消する。
- 教材理解の時間短縮により、ホワイトボードやマグネットを活用した対話・交流の時間を確保しやすくなる。

　教師代替の「動き」の目的は、
- **児童の考えの「呼び水」（考えを呼び起こすきっかけ）として行うこと**

です。考えの「呼び水」にするためには、
- **教材の内容理解を深める**

がまず大切です。教材の特性（文字情報量、文章表現や専門用語など）によっては、理解が難しいものがあります。特に、低学年教材では、文字情報量ができるだけ少ないほうが、短時間で内容理解が進むのですが、逆の場合は教材理解に時間がかかり過ぎてしまいます。また、授業者が内容を言葉だけで説明すると、さらに混乱を招くこともあるので、教師が先に再現することで場面をイメージしやすくなります。

教材理解が不足すると、再現に対する不安も増します。また、演じること自体に気が引ける場合もあります。そのような場合に一度授業者が再現をすることで、それらの不安等を解消することができます。

教師代替の「動き」

これらの結果、一定の時間短縮を図ることができ、ホワイトボートやマグネットを活用した対話・交流の時間を確保することができます。

教師代替の「動き」のデメリット

● 「それが正解」と児童をミスリードしてしまうことがある。

デメリットとしては、授業者の思いが強くなる再現をしてしまうと、「それが正解」と児童をミスリードしてしまうことがあることです。この場合、ねらいとする道徳的価値を押し付けてしまう場合もあるので、注意しなければなりません。

下図は、『くりのみ』（光村1年）における**教師代替の「動き」**です。

「だめ、だめ。何にも見つかりませんでした」

という言葉を授業者が再現します。この再現を見て、児童は想像し、自分ならどうするかを考えます。これが考えの「呼び水」となります。

実際の授業では、この後にその場での「動き」を取り入れ、児童自身が再現します。再現がしっくりとくれば、自己の考えとして定着していきます。

きつねを演じる教師

1年生

くりのみ

出典

「きみがいちばんひかるとき どうとく1」［光村図書］

「動き」	教師代替	代表児童	その場	グループ	全員参加
教材情景の再現	○	○		○	
音の再現					
登場人物の思いを再現	○	○		○	
児童の自覚を再現		○		○	

主題とねらい

主題名 やさしい気持ちで

ねらい 困っているふりをするきつねに、自分のくりを1つあげるうさぎの姿を通して、困っている人をいたわる温かい心を考えさせ、互いに助け合っていこうとする心情を育む。

教材の特質

（1）教材の概要

　どんぐりをたくさん食べ、残りを森に隠したきつねが、帰る途中で友達のうさぎに出会う。たった2個しか持っていないにもかかわらず、うさぎはきつねに同情し、くりのみを1つ差し出す。受け取ったきつねの目からは、涙がこぼれ落ちる。

（2）教材の読み

- 自己の考えを深める人物 … きつね
- 考えを深めるきっかけ … うさぎの言葉とくりのみを差し出す行為
- 考えを深める場面 … うさぎからくりのみを受け取る場面

 ここに
注目! うさぎがしばらく考える姿と「間」

　うさぎは、やっと見つけた、たった2個のくりのみを握りしめている。どんぐりを見つけることができず、困っている友達を助けたい、でも、自分の分もなくなってしまうなど、様々な気持ちが交差する。この「間」が、うさぎが何を一番大切にしたらよいかを、考えた時間である。この「間」を場面再現の「動き」を通して、ねらいに迫っていく。

「動き」のPOINT

1．道徳的諸価値に基づく前理解を表出する「動き」

　「だめ、だめ。何にも見つかりませんでした」という言葉を、**教師代替の「動き」**と、その後に代表児童の「動き」で再現し、きつねの考えを確認する。

2．道徳的価値に向き合い、自己を見つめる「動き」

　うさぎがくりのみの1つを差し出す場面を、**教師代替の「動き」**と、その後にグループの「動き」で再現し、友達を心配するうさぎの思いをつかむきっかけとする。

3．対話・交流し、多面的・多角的に考える「動き」

　きつねの目から涙が落ちてきたときの心の中のつぶやきをホワイトボードに書き、マグネットによって対話・交流する。そして、相互評価と自己評価を繰り返して、考えを深めていく。

STEP **1** （動きⅠ）　**道徳的諸価値に基づく前理解を表出する「動き」**　 **10分**

「だめ、だめ。何にも見つかりませんでした」という言葉を、**教師代替の「動き」**と、その後に**代表児童の「動き」**で再現し、きつねの考えを確認する。

- -

分担 きつね：教師1、代表児童

「動き」のポイント きつねがウソをつく様子の表情、声の抑揚

「動き」のシナリオ

1）教師代替の「動き」

　　「だめ、だめ。何にも見つかりませんでした」と話す。

2）代表児童の「動き」

　　「だめ、だめ。何にも見つかりませんでした」と話す。

きつねを演じる教師

 きつねさんは、どんな様子かな？

発問

 ちょっと、困った顔。

ウソをついている顔。

 きつねさんは、くりのみを見つけて、食べたのかな？

発問

 見つけて、もう食べている！

 食べきれなかったのは、森に隠した！

STEP 2 動きⅠ 道徳的価値に向き合い、自己を見つめる「動き」

 15分

うさぎがくりのみの１つを差し出す場面を、**教師代替の「動き」**と、その後にグループの「動き」で再現し、友達を心配するうさぎの思いをつかむきっかけとする。

分担 きつね：教師１、児童１　　うさぎ：教師２、児童２

「動き」のポイント うさぎときつねの表情の違い、間の様子

「動き」のシナリオ

1）**教師代替の「動き」**（※教師１人の場合は２役を演じる）

　　教師２：「それは、おきのどくですね」（考えるポーズをし、間を空ける）

　　教師２：「うん」（うなずいて）→「あげるね」（どんぐりを手渡す）

　　教師１：「えっ」（どんぐりを受け取る）

2）**グループの「動き」**

　　児童２：「それは、おきのどくですね」（考えるポーズをし、間を空ける）

　　児童２：「うん」（うなずいて）→「あげるね」（どんぐりを手渡す）

　　児童１：「えっ」（どんぐりを受け取る）

うさぎは、しばらく考えていました。どんなことを考えていたのかな？

発問

どうしよう、困ったなあ。

きつねさんを助けたいな。

「うん」と言うまでは、少し時間がかかりました。どうしてですか？

発問

もっと、いい方法はないかなと考えたから。

困ってしまったから。

STEP 3

動きⅡ ホワイトボードとマグネットを
活用した対話・交流の「動き」

 15分

 発問

きつねさんの目から、涙が落ちてきました。このとき、
きつねさんは心の中で、何と言っているのかな？

予想される児童の反応

こんな
ぼくのために…、
なんて
やさしいんだ。

うさぎさん、
ありがとう。
ありがとう。

友だちを
こまらせたら
ダメだ。

友だちは
たいせつ。

ぼくも、
うさぎさん
みたいに
なりたい。

これからは
しょうじきに
いきていくぞ。

授業の振り返り **感想** 感じたことを自由に記入する。

対話の中で心の残った言葉を選び、その人の名前と選んだ理由を書く。

＊自分の言葉を選択してもよいこととする。

> 「動きⅡ」：ホワイトボードとマグネットを活用した対話・交流の「動き」のポイント
> 1　教材の特質に応じて、できるだけ多くのホワイトボードを取り上げましょう。
> 2　マグネットが置かれたものを取り上げることで、児童による「問い」が生まれやすい環境が整います。
> 3　自然な流れで考えを深めるために、4〜5枚のホワイトボードを選択し、その順序を決めておくことが大切です（児童と一緒に教師も相互評価に参加し、そのときに選択します）。

相互評価の確認

　　緑を置いた人は、どんなことがいいなあと思いましたか？
　　● 私もやさしいなあと思ったから。

　　青を置いた人は、どんなことを聞いてみたいのですか？
　　● どうして、「ありがとう」を2回言ったのかなと思ったから。

補助発問 1

　　きつねさんにくりを渡す前、うさぎさんは「うん」と言います。このとき、うさぎさんはどんな顔をしていると思いますか？
　　● やさしい顔。　　　● うれしそうな顔。　　　● 微笑んでいる顔。

補助発問 2

　　うさぎさんはきつねさんにくりを渡します。このとき、うさぎさんが一番大切だと思ったことは何だと思いますか？
　　● 困っているきつねさんを助けること。
　　● 困っている人がいるときは、助け合うことが大切だということ。

補助発問 3

　　うさぎさんはどんな人だと思いますか？　「うさぎさんは〜」という書き方で説明してください。
　　● やさしい人。　　　● 親切な人。　　　● 心が広い人。
　　● 自分よりも相手のことを思ってくれる人。　　● どんな人にもやさしい人。
　　● 困っている人を助けてあげる人。　　　● すぐに気付く人。

● 緑のマグネット ➡ 共感できる意見
● 青のマグネット ➡ もう少し考えを聞いてみたい意見

授業者の動き

ありがとう。

■緑を置いた人、どこがよかったかな。
■Aさん、どんなことに「ありがとう」なのですか。
■みんなは、どうですか。

児童の反応
取り上げたポイント

STEP2で、受け取ったきつねと、受け取らなかったきつねに分かれたので、受け取ったきつねの気持ちを押さえるために取り上げた。

・私も「ありがとう」と思ったからです。
・大事なものを分けてくれたことです。

・2つしかないのに、分けてくれたこと。
・うさぎさんのやさしさです。

取り上げたポイント

STEP2で、受け取らなかった（受け取れなかった）きつねの気持ちを押さえるために取り上げた。

わたしのほうが
いっぱいあるのに…。

■Bさん、「…」には、どんな言葉が続くのかな。
■みんなは、どうですか。

■きつねさんは、くりのみを持っていましたか。
■では、うそを言ったの？
■どうして、うそを言ったのかな。
■うさぎさんは「うん」と言葉を出すまで、少し考えていましたね。何で時間がかかったのかな。

・もらっちゃってもいいのかな。

・いいのかな〜。
・2つしかないのに、どうしてくれるんだろう。
・持っている！（全員）

・はい（全員）
・もっとほしかったから。
・いっぱい考えたから。
・どうしたらいいか、迷ったから（困ったから）。
・きつねさんを助けてあげたいと思ったから。

児童の感想
●Cさんの「こんな自分」ってかいたことが、心にのこりました。自分はとってもずるいのにくれるなんて、ほんとうにうさぎさんはやさしいと思いました。
●うさぎさんは、ほんとうにやさしい人だと思いました。
●うさぎさんはしんせつで、やさしく、すなおな人だと思いました。

ネットを活用した対話・交流の「動き」

> 2こしかないのに
> どうしてこんな自分に
> くれるの？　でも、
> 「うれしいな」と思った。
> ●●

取り上げたポイント

うさぎが一番大切にしていた思いを深く考えるために取り上げた。

■Dさん、「こんな自分」って、どんな自分ですか。

・いじわるな自分です。

■みんなは、どうですか。

・ひとりじめする自分　・心がせまい自分
・くりをくれて、うれしい自分もいる。

■Eさん、どうして「うれしい」のですか。

・くりをくれたから。

■うさぎさんは、どうしてくりをくれたのかな。

・きつねさんが困っていたから。
・食べ物がなくて、かわいそうだから。
・きつねさんは、これから先も、食べ物を見つけられないかもしれないから。

■みんなは、こんなうさぎさんをどう思いますか。「うさぎさんは〜」に続く言葉で説明してください。

「うさぎさんは」
・やさしい人。　　　・親切な人。

■やさしい、親切以外の表現をした人はいますか。

・心が広い人。　　　・どんな人にもやさしい人。
・自分よりも相手を思ってくれる人。
・ご飯が好きな人。

■Fさん、ご飯が大好きなうさぎさんが、たった2つしかないくりを、きつねさんにあげたんだ。では、みんなだったらどうする！？困っている人がいたら？

・「どうしたの？」って言って、教えてもらって、意味が分かったら助ける。
・助けます。助けたことを違う人にして、みんなが成長し続けていく。
・声をかける。困っていたら「どうしたの？」と聞いて、助けてあげたいから。
・助けます。自分だけいい思いをしていたら、相手が傷ついちゃうからです。

● 「心が広い人」という言葉が、いいなと思いました。
● Nさんが「食べものをうばわなくてすんだ」とかいたことが心にのこりました。どうしてかというと、自分がうそをつかなかったら、うさぎさんはおなかいっぱいになったのにって、思ったからです。
● うさぎさんは、自分よりも相手のことを本当に思っている人だなと思いました。

2年生

黄色いベンチ

出典
「新しいどうとく２」 ［東京書籍］

「動き」	教師代替	代表児童	その場	グループ	全員参加
教材情景の再現	○			○	
音の再現					
登場人物の思いを再現	○			○	
児童の自覚を再現				○	

主題とねらい

主題名 みんなでつかうものを大切に

ねらい 服が泥だらけになってしまった姿を見たことから変化する２人の気持ちを通して、皆で使うものは大切にしようとする意欲を育む。

教材の特質

（１）教材の概要

　たかしとてつおは、靴が泥だらけになっていることにも気が付かず、ベンチの上に乗って飛行機を高く飛ばそうと遊んでいた。そのとき、５歳くらいの女の子が泥だらけのベンチに座ってしまう。おばあさんの泥を拭いてあげる様子を見て、２人は「はっ」として顔を見合わせる。

（２）教材の読み

- 自己の考えを深める人物 … たかしとてつお
- 考えを深めるきっかけ 　… ５歳くらいの女の子の服が、泥で汚れてしまった場面を見たこと
- 考えを深める場面 　　… おばあさんが泥を拭いてあげる場面

ここに
注目! ２人の「はっ」とした表情

　夢中になって遊んでいた２人が、おばあさんと女の子の様子を見て、「はっ」
と何かに気付く。しかし、ここには何に気付いたかは具体的に書かれておらず、
「顔を見合わせた」とだけ叙述されている。
　そこで、このときの２人の表情等に着目し、場面再現の「動き」を通して、
ねらいに迫っていく。

「動き」のPOINT

１．道徳的諸価値に基づく前理解を表出する「動き」

　ベンチの上に乗って何度も夢中で飛行機を飛ばす場面を、**教師代替の**
「動き」で再現し、たかしとてつおの気持ちをつかむ。

２．道徳的価値に向き合い、自己を見つめる「動き」

　おばあさんと女の子の様子を見て、「はっ」と顔を見合わせる場面を、
グループの「動き」で再現し、たかしとてつおの気付きを深く考えてい
く。

３．対話・交流し、多面的・多角的に考える「動き」

　「はっ」と顔を見合わせたとき、２人が心の中でどんなことをつぶや
いたかを、ホワイトボードに書き、マグネットによって対話、交流する。
そして、相互評価と自己評価を繰り返して、考えを深めていく。

STEP 1 〔動き I〕 道徳的諸価値に基づく前理解を表出する「動き」　 10分

ベンチの上に乗って何度も夢中になって飛行機を飛ばす場面を、**教師代替の「動き」**で再現し、たかしとてつおの気持ちをつかむ。

〔分 担〕 たかし：教師1　　てつお：教師2

〔「動き」のポイント〕 「はっ」と何かに気付いた様子、表情、雰囲気

〔「動き」のシナリオ〕

○教師代替の「動き」

教師1：「　　　　　　　　　　」
　　　＊自由に「せりふ」を考える

教師2：「　　　　　　　　　　」
　　　＊自由に「せりふ」を考える

※教師1人の場合は、2役を演じる。

夢中になって飛行機を飛ばす2人を演じる教師

〔発 問〕 どうして、2人は靴が泥だらけだったことに気が付かないのかな？

 紙飛行機を飛ばすことに夢中になっていたから。

 もっと高く飛ばすことばかり考えていたから。

 このときは、何も考えていなかったから。

STEP 2 動き I 道徳的価値に向き合い、自己を見つめる「動き」

 15分

おばあさんと女の子の様子を見て、「はっ」とした場面を、**グループの「動き」で再現**し、たかしとてつおの気付きを深く考えていく。

分担 たかし：児童1 てつお：児童2 おばあちゃん：児童3

「動き」のポイント 「はっ」とした様子、表情、雰囲気

「動き」のシナリオ

○グループの「動き」

児童3：まあ、まあ、こんな泥だらけでベンチに座って。洋服が泥だらけですよ。

児童1・2：（はっとして、無言で顔を見合わせる）

おばあさんの言葉に、「はっ」とした様子を演じる児童

 たかしとてつおは、どんな様子ですか？

発問 その場から逃げ出そうとしている。 すごく困った顔をしている。

 おばあさんは、どんな様子ですか？

発問 怒った顔をしている。 困った顔をしている。

 女の子は、どんな様子ですか？

発問 驚いた顔をしている。 困った顔をしている。

STEP 3

 動き Ⅱ ホワイトボードとマグネットを
活用した対話・交流の「動き」 15分

発問

「はっ」としたとき、2人は心の中でどんな言葉をつぶやいたと
思いますか？

予想される児童の反応

あっ、
おこられる！

ベンチ、
よごしちゃった。

わるいこと
してしまったなあ。

すぐに
あやまらなきゃ。

もう、こんな
ことをしない
ようにしよう。

みんなで
つかうものは、
たいせつにしよう。

授業の振り返り　感想　感じたことを自由に記入する。

対話の中で心の残った言葉を選び、その人の名前と選んだ理由を書く。

＊自分の言葉を選択してもよいこととする。

相互評価の確認

緑を置いた人は、どんなことがいいなあと思ったのですか？

●迷惑をかけて、知らんぷりしたらダメだと私も思う。

青を置いた人は、どんなことを聞いてみたいのですか？

●誰に怒られると思ったのか聞いてみたい。

補助発問 1

どうして、すぐに謝らなかったのですか？

●怒られると思ったから。

●怒られるのが怖かったから。

●どうしていいか、分からなかったから。

補助発問 2

公園は、みんなで楽しい時間を過ごす場所です。どんなことが大切だと
思いますか？

●夢中になって遊ばないこと。

●人に迷惑をかけないで遊ぶこと。

●本を読んでいる人がいたら、静かにすること。

● 緑のマグネット ➡ 共感できる意見
● 青のマグネット ➡ もう少し考えを聞いてみたい意見

授業者の動き

あっ、おこられる！

児童の反応

取り上げたポイント

多くの児童がはじめに思いつく言葉であるが、これでは物事の解決に向かわないことを全員に気付かせるために取り上げた。

■Aさん、もう少し詳しく説明してください。
■緑を置いた人は、どんなところが同じ意見なのですか。
■じゃあ、逃げますか。

■どうしてですか。

・近くにいたのが僕らだとおばあちゃんに分かったと思うから、怒られると思った。
・ボクも怒られると思ったから。

・それはダメだと思う。
・逃げたいけど、逃げたらダメ。
・ベンチを汚したのは、自分たちだから。

取り上げたポイント

すぐにあやまらなきゃ。

そう思っても、この主人公たちは謝罪はしていない。この部分に道徳的問題があるので、そこを焦点化し、ねらいに向き合っていくために取り上げた。

■Cさん、もう少し詳しく説明してください。
■緑を置いた人は、どんなところが同じ意見なのですか。
■どうして、すぐに謝らなかったのですか。
■みなさんは、どうですか。

・汚したのは自分たちだから、謝らないといけないと思ったから。
・やっぱり謝らないとだめだと思ったから、緑を置きました。
・怒られるのが怖かったのかな～。

・怖いのは分かるけど、だめだよ。

児童の感想

●ベンチをよごしてしまったら、きちんとふくと、みんながいいきもちですわったりできるので、みんながやさしく、ていねいにあつかうようになってほしいです。
●くつのままベンチにあがるなんて、だめだし、みんなにしつれいだとおもいました。

ネットを活用した対話・交流の「動き」

授業者の動き

> もう、こんなことを
> しないようにしよう。
>
> ⚫ ⚫ ⚫ ⚫

児童の反応
取り上げたポイント

今後の行動を具体化するために取り上げた。

■ 緑を置いた人は、どんなところが
同じ意見なのですか。

■ Dさん、「こんなこと」とは具体
的にどんなことですか。詳しく説
明してください。

■ みなさんは、どうですか。
■ Dさんの意見のいいなと感じると
ころは、どんなことですか。その
理由も教えてください。

■ 今日の授業を受けて、みんなは公
園で遊ぶとき、どんなことに気を
付けていこうと思いますか。

・やっぱり公園をきれいに使わないとダメだと
思うから。
・他の人のことをきちんと考えないとダメだか
ら。
・ベンチを汚して、女の子に迷惑をかけてしま
うことです。そんなことをすると、他の人が
遊べなくなったら本当にダメだから、やめよ
うと思ったと思います。
・それがいいと思う。
・しっかりと反省していることがいいと思いま
す。
・もうやめようと思っているところがいいと思
います。
・人に迷惑をかけないこと。
・公園をきれいに使うこと。
・夢中になって遊ばないこと。
・公園のベンチとかを乱暴に扱わないこと。
・静かにするときは、静かに遊ぶこと。

● ほかの人たちもこうえんにくるから、みんなでつかうものはたいせつにしないと
だめだとおもいました。わたしは、ルールをまもれない人にはなりたくないです。
● ベンチはみんなでつかうのが、こうえんのルールだと思う。たとえおもちゃのひ
こうきとかをとばすときでも、ベンチはつかっちゃいけないと思う。こうえんの
ものは、たいせつにしていきたい。

4年生

「正直」五十円分

出典
「きみがいちばんひかるとき　どうとく４」［光村図書］

「動き」	教師代替	代表児童	その場	グループ	全員参加
教材情景の再現	○	○			
音の再現					
登場人物の思いを再現	○	○			
児童の自覚を再現		○			

主題とねらい

主題名 正直な心で

ねらい 正直に話した兄弟の姿を通して、自分自身に正直であることの快適さに気付き、正直に明るい心で元気よく生活しようとする心情を育む。

教材の特質

（1）教材の概要

　おつりを多く受け取ってしまったたけしは、ひろしの言葉に、正直に返そうと決心する。たこ焼き屋のおじさんの言葉とお礼のたこ焼きをもらったことで、とてもうれしい気持ちになった２人は、夕焼けの道を家へ帰る。

（2）教材の読み

- 自己の考えを深める人物 … たけし
- 考えを深めるきっかけ　 … ひろしの言葉
- 考えを深める場面　　　 … たこ焼きを食べながら、たけしが考える場面

（3）ねらいに迫るために

ここに 注目! 迷いながらたこ焼きを食べるときとお礼のたこ焼きを食べるときの違い

　同じ店のたこ焼きの味に、違いなどないはずである。だが、心の迷いや悩みがあるとき、時に味がしなくなってしまう、美味しくないと感じてしまうことがあるかもしれない。正直に生きることは、食べ物も美味しく感じることができ、生活の快適さを感じることができることを、場面再現の「動き」を通してねらいに迫っていく。

「動き」のPOINT

1．道徳的諸価値に基づく前理解を表出する「動き」

　おつりの200円をそのままサイフに入れてしまった場面を、**教師代替の「動き」**で再現し、誤魔化してしまったときの様子を想像するきっかけとする。

2．道徳的価値に向き合い、自己を見つめる「動き」

　公園で2人が会話する場面を、**代表児童の「動き」**で再現し、たけしの気付きを実感する。

3．対話・交流し、多面的・多角的に考える「動き」

　「兄ちゃん、『正直』50円分おいしいなあ」とひろしの言葉を聞いたとき、たけしは心の中でどんな言葉をつぶやいたかをホワイトボードに書き、マグネットによって対話、交流する。そして、相互評価と自己評価を繰り返して、考えを深めていく。

STEP 1 　動きⅠ　道徳的諸価値に基づく前理解を表出する「動き」 5分

おつりの200円をそのままサイフに入れてしまった場面を、**教師代替の「動き」**で再現し、誤魔化してしまったときの様子を想像するきっかけとする。

分担 たけし：教師1　　ひろし：教師2
たこ焼き屋のおっちゃん：教師3

「動き」のポイント おじさんとやり取りするときと、おつりが多いことに気付いたときの違い、そのときの表情

「動き」のシナリオ

○教師代替の「動き」（※教師1人の場合は3役を演じる）

教師1：おっちゃん、たこ焼き1つ。

教師3：毎度おおきに。はい350万円。

教師2：ぎょえっ。

教師1：（500円玉を渡す）

教師3：ありがとう、おつりは150億円。

教師1：あっ。

「あっ」と声を出す場面

「あっ」と言ったとき、たけしは心の中でどんな言葉をつぶやいたと思いますか？

発問

 おつりが多いぞ。

 困ったなあ〜。

 ラッキー。

 もうけたなあ。

 どうしよう何も考えていなかったから。

 正直に言わないと〜。

STEP 2 動きⅠ 道徳的価値に向き合い、自己を見つめる「動き」

 15分

公園で2人が会話する場面を、**代表児童の「動き」**で再現し、たけしの気付きを実感する。

分担 たけし：児童1　　ひろし：児童2

「動き」のポイント たけしとてつおの表情、雰囲気

「動き」のシナリオ

○代表児童の「動き」

児童2：兄ちゃん、どうする。

児童1：ううん、そやなあ――。食べながら考えよう。（いや、でも――）
（少し間を空ける）

児童1：よし、ひろし。50円返しに行くで。

児童2：うん、さすが兄ちゃんや。

 発問 「いや、でも――」の続きに、どんな言葉を言っていたと思いますか？　感情を込めて表現してください。

 発問 「よし、ひろし。50円返しに行くで」。たけしはどんな表情をしていると思いますか？

 このままウソをつくのはだめだ。

 このままじゃだめだよなー。

 いまさらなぁー。

 元気になっている。

 スッキリしている。

 笑顔になっている。

STEP 3 動きⅡ ホワイトボードとマグネットを活用した対話・交流の「動き」

  20分

発問

「兄ちゃん、『正直』50円分おいしいなあ」とひろしの言葉を聞いたとき、たけしは心の中でどんな言葉をつぶやいたと思いますか?

予想される児童の反応

> 正直に話して、
> よかった!

> ウソはだめだ!

> やっぱり、
> 正直が一番だな。

> うれしかった。

> おじさん、
> いい人だな〜。

> ほんとに、
> たこ焼き、
> うまいなあ。

授業の振り返り **感想** 感じたことを自由に記入する。

対話の中で心の残った言葉を選び、その人の名前と選んだ理由を書く。

*自分の言葉を選択してもよいこととする。

ネットを活用した対話・交流の「動き」

正直な心でもらえた
たこ焼きだから、
いつもよりうまいんだ。
おっちゃんありがとう！
これからもこの心を
大切にしよう！

■Cさん、いいことをすると美味し
　く感じますか。
■皆さんは、どうですか。

正直に行動したからといって、味が変わる
わけはないのだが、そのように感じる理由
を通して、誠実に生きることの大切さを考
えるために取り上げた。

・はい。いいことしたら気持ちがスッキリする
　から、いつもより美味しく感じたと思います。
・変わらない。
・いいことしたら気持ちがスッキリするから、
　いつもより美味しく感じる。
・モヤモヤがなくなって、いい気持ちで食べた
　から美味しく感じたと思う。

最初は少しなやんだけ
ど、いいことしたほう
が気持ちもよくなる。

■Dさん、もう少し詳しく説明して
　ください。

■皆さんは、どうですか。

取り上げたポイント

正直に行動することの気持ちよさ、清々し
い気持ちを共有するために取り上げた。

・やっぱり、嘘をついたらモヤモヤする。正直
　に行動できたら、たとえ少し怒られても後悔
　しないから、気持ちがよくなると思う。
・正直に行動すると気持ちがいい。
・嘘をついたままだとモヤモヤする。

●正直は大切！自分にもいいことが起こると思う。
●私は正直に言うときもあれば、言えないときもあるので、これからは正直に言お
　うと思いました。それから、いいことをしたら気持ちがよくなるし、いいことが返っ
　てくることが分かりました。

2

代表児童の「動き」で学ぶ

代表児童の「動き」を行う際のポイント

代表児童の「動き」

教材上に描かれている場面を代表児童が再現する「動き」。

代表児童の「動き」のメリット

●考えの「呼び水」にするために、仲間の力を活用することができる。

●自分たちの力で気付き、発見することで、自己評価力が高まっていく。

代表児童の「動き」の目的は、

●**子どもたちの力を活用し、考えに気付き、発見すること**

です。

　教材によっては、ある一定の内容理解や、道徳上の問題に対する自分なりの解答を得ることができた児童が存在します。例えば、高学年で主題に係る内容項目が友情や思いやり等の場合は、今までの学習の成果としてある一定のいわゆる「納得解」を得ている場合があります。代表児童の「動き」は、この児童の力を積極的に活用する「動き」です。

　児童全員の教材の内容理解が不足している場合は、教師代替の「動き」になります。しかし、授業の主役は子どもです。

代表児童の「動き」

授業の全てを授業者が仕切ってしまうと、主体性が失われることもあります。場合にもよりますが、自分自身で気付き、発見したことがあれば、可能な限り表現させてあげたいものです。

　また、この「動き」を取り入れると、演じる児童の理解がさらに深まったり、自覚につながっていくこともあります。これにより、自己評価力も高まっていきます。

代表児童の「動き」のデメリット

●一部の児童の意向に流れてしまいがちになってしまうという危険性がある。

　デメリットは、通称「道徳リーダー」と呼ばれる、いつも積極的に意見を出す一部の児童の意向に流れてしまいがちになってしまうという危険性がある点です。道徳リーダーばかりを代表児童に指名することなく、児童全員がフラットな関係で自己の考えを表現する場を整える必要があります。

　右図は、『「正直」五十円分』（光村図書4年）における**代表児童の「動き」**です。「ううん、そ や な あ ──。いや、でも──」から、少し間を空けて「よし、ひろし。50円返しに行くで」と、悩む姿と決心した姿の両面を再現します。特に重要なのが、**「間」**です。このとき

公園で2人が会話する場面を演じる代表児童

の様子をどのように表現するかによって、「核となる問い＝中心発問」への移行もスムーズになります。過去の実践では、うつむいたり、空を見上げたり、ため息をついたりしながら**「間」**を表現していました。

※『「正直」五十円分』は、教師代替の「動き」の代表として本書では示していますが、代表児童の「動き」、グループの「動き」も含まれています。

1年生

二わの ことり

出典
「しょうがくどうとく いきるちから1」［日本文教出版］

「動き」	教師代替	代表児童	その場	グループ	全員参加
教材情景の再現		○		○	
音の再現					
登場人物の思いを再現		○		○	
児童の自覚を再現		○		○	

主題とねらい

主題名 友だちを大切に

ねらい うぐいすの家で行われていた練習会を抜け出し、やまがらの家に行くみそさざいの気持ちの変化を通して、友達と仲よくしていこうとする心情を育む。

教材の特質

（1）教材の概要

　やまがらの誕生日に呼ばれていたみそさざいだったが、うぐいすの家で行われる音楽会の練習に参加する。しかし、歌っていても、全然楽しく感じられない。みそさざいは抜け出してやまがらの家に行き、2人で誕生日のお祝いをする。

（2）教材の読み

　● 自己の考えを深める人物 … みそさざい

　● 考えを深めるきっかけ　… うぐいすの家の練習会に参加したこと

　● 考えを深める場面　　　… やまがらの涙を見た場面

 ここに注目！ やまがらの涙を見たみそさざい

　みそさざいは、音楽会に向けた練習は必要で、参加する責任があると考えたはずである。しかし、やまがらのことがどうしても気になり、頭から離れない。当然、練習にも集中できず、みそさざいは練習会を抜け出し、やまがらの家に行く。やまがらの涙を見たとき、みそさざいは何を思い、何を感じたか。ここで、みそさざいは自分の行為を後悔し、友達と仲よくすることの大切さを再確認したはずである。そこで、やまがらの涙を見た場面に焦点を当て、場面再現の「動き」を通して、ねらいに迫っていく。

「動き」のPOINT

１．道徳的諸価値に基づく前理解を表出する「動き」

　みそさざいが歌の練習に参加している場面を、**代表児童の「動き」**で再現し、みそさざいの思いをつかむきっかけとする。

２．道徳的価値に向き合い、自己を見つめる「動き」

　やまがらの家に着いて２人が会話する場面を、**グループの「動き」**で再現し、みそさざいの思いを深く考えていく。

３．対話・交流し、多面的・多角的に考える「動き」

　やまがらの涙を見たとき、みそさざいは心の中でどんな言葉をつぶやいたかをホワイトボードに書き、マグネットによって対話・交流する。そして相互評価と自己評価を繰り返して、考えを深めていく。

学習活動 教材の範読

STEP 1 動き Ⅰ 道徳的諸価値に 基づく前理解を表出する「動き」 ⏱ 10分

みそさざいが歌の練習に参加している場面を、**代表児童の「動き」**で再現し、みそさざいの思いをつかむきっかけとする。

分担 **みそさざい:代表児童**

「動き」のポイント **みそさざいが迷っている様子の表情**

「動き」のシナリオ

○代表児童の「動き」

　児童:(無言で演じる)

みそさざいを演じる児童

歌の練習をしているとき、みそさざいさんは心の中でどんな言葉をつぶやいていたと思いますか?
発問

 どうしよう。

 このままでいいのかな。

どうして、ごちそうを出されても楽しくなかったのですか?
発問

 やまがらのことが気になっていたから。

 やまがらが心配だったから。

そんなに心配だったら、練習に出ないで最初から行っていればよかったのではありませんか?
発問

 練習会も大事だから。

 練習しないと、音楽会ができなくなるから。

学習形態 コの字型（「動き」を行う場所を確保）

STEP 2 動きⅠ 道徳的価値に向き合い、自己を見つめる「動き」

 15分

やまがらの家に着いて、2人が会話する場面を、**グループの「動き」**で再現し、みそさざいの思いを深く考えていく。

分担 みそさざい：児童1　　やまがら：児童2

「動き」のポイント みそさざいとやまがらの表情、声の抑揚

「動き」のシナリオ

○グループの「動き」

児童1：遅くなってごめんね。お誕生日、おめでとう。

児童2：よく来てくれましたね。もう、誰も来てくれないかと思っていたんです。

やまがらとみそさざいの会話を再現する
2人（ペア）の児童

発問 みそさざいさんは、どんな様子ですか？

 ごめんねっていう顔をしている。

ごめんねっていう顔をしていたけど、「おめでとう」というときは笑っている。

発問 やまがらさんは、どんな様子ですか？

 すごく喜んでいる。

 うれしくて、泣いている。

 飛び跳ねている。

071

STEP 3 動きⅡ ホワイトボードとマグネットを活用した対話・交流の「動き」

⏱ 15分

発問

やまがらさんは、このあと涙を浮かべます。このとき、みそさざいさんは心の中で、何と言っているのかな？

予想される児童の反応

> ごめんね。

> やまがらさん、
> かなしかったんだ
> な。

> にどと、
> こんなことは
> しない。

> ともだちを、
> もっとたいせつに
> しよう。

> こんどはみんなも
> つれてこよう。

> こんどは
> やまがらさんと
> いっしょにれん
> しゅうにいこう。

授業の振り返り **感想** 感じたことを自由に記入する。

対話の中で心の残った言葉を選び、その人の名前と選んだ理由を書く。

＊自分の言葉を選択してもよいこととする。

> 「動きⅡ」：ホワイトボードとマグネットを活用した対話・交流の「動き」のポイント
> 1　教材の特質に応じて、できるだけ多くのホワイトボードを取り上げましょう。
> 2　マグネットが置かれたものを取り上げることで、児童による「問い」が生まれやすい環境が整います。
> 3　自然な流れで考えを深めるために、4〜5枚のホワイトボードを選択し、その順序を決めておくことが大切です（児童と一緒に教師も相互評価に参加し、そのときに選択します）。

相互評価の確認

「ごめんね」。緑を置いた人は、どんなことがいいなあと思いましたか？
- 私も「ごめん」って、言うと思うから。
- やっぱり「ごめん」しかないと思うから。

「〜かなしかったんだ」。緑を置いた人は、どんなことがいいなあと思いましたか？
- やまがらさんの涙、表情を想像したら、そう言うと思った。

補助発問 1

「ごめんね」。どんなことに「ごめんね」なのですか？
- やまがらさんを悲しませたこと。
- やまがらさんを1人にしてしまったこと。
- 最初に伝えておけば、よかったこと。

補助発問 2

みそさざいさんとやまがらさんは、ステキな友達になれますか？
- なれる！　　● 絶対になれる！！！

追発問

どうして、そう思うのですか？
- あやまったから。　　● 正直に話したから。
- 仲直りしたから。　　● 涙が流れたから。

- 緑のマグネット ➡ 共感できる意見
- 青のマグネット ➡ もう少し考えを聞いてみたい意見

「動きⅡ」：ホワイトボードとマグ

どうしよう
やまがらさん
かわいそう。

■青を置いたBさん、どんなことを
聞いてみたいのですか。
■Aさん、どうですか。

児童の反応
取り上げたポイント

みそさざいの素直な気持ちは、多くの児童
が共有していると考え、取り上げた。

・どうして「どうしよう」と思ったの？

・みんなが、うぐいすのほうに行ってしまった
　から。
（Cさんからの質問）
・どうして、かわいそうなの？
・1人も来てくれないから。
（他の児童からの意見）
・誰も、お祝いしてくれないから、かわいそう
　だと思う。

取り上げたポイント

「ごめんなさい」も、多くの児童が共有して
いると考え、取り上げた。

ごめん。
おそくなっちゃったけど
たん生日おめでとう。

■Dさん、何に「ごめん」なのです
か。
■みんなは、どうですか。

・「ぼく、1人でごめん」です。

・遅くなって、ごめん。
・来てない、みんなの分までごめん。
・先にうぐいすさんのほうに行っちゃって、ご
　めん。

児童の感想

● Dさんの「ごめん、おそくなっちゃったけど、たん生日、おめでとう」という言
葉が心にのこりました。どうしてかというと、「おそくなったけど、おいわいするよ」
というきもちになったからです。
● Hさんの「げんきで、よかった」という言葉がよかったです。「げんきで」という

ネットを活用した対話・交流の「動き」

> どうしてやまがらさんの
> 家じゃなくて
> うぐいすさんの家に
> いったんだろう。

取り上げたポイント

友情を培うために、どんな考えを大切にしたらよいかを深く考えるために取り上げた。

■Eさん、どんなことを聞いてみたいですか。
■Fさん、どうして、このように思ったのですか。
■やまがらさんのどんなことが気になりましたか。
■皆さんは、どうですか？

・なんとなく、うぐいすさんの家に行ったのかな？　それを聞いてみたい。
・歌の練習が大事だと思ったけど、やまがらさんのことがすごく気になったから。
・きっと、1人で寂しそうにしていること。

・1人でいるのかな？
・泣いていないかな？
・怒っていないかな？
（近くの人と意見交流を行う）

■皆さんは、この話合いを通して、こんなとき、どんなことを大切にしたいなと思いますか。近くの人と、意見を交流してください。
■意見のある人はいますか？

・友達を悲しませないようにする。
・失敗したときは、すぐにごめんねって言う。
・きちんと話して、確認する。
・お誕生日と練習がぶつからないようにする。
・私は、歌の練習も大事だけど、お誕生会のほうが大切だと思うから、うぐいすさんにきちんと言って、練習を休む。

ことばが、すごくよく分かったからです。
● Gさんの「きて、よかった」という言葉がよかったです。なぜかというと、もしいかなかったら、もっとみそさざいさんは、かなしんでいたと思うからです。
● Eさんの「やまがらさんじゃなくて、うぐいすさんのところにいったんだろう」という言葉が心にのこりました。

およげない りすさん

出 典
「小学どうとく ゆたかな こころ 2年」[光文書院]

「動き」	教師代替	代表児童	その場	グループ	全員参加
教材情景の再現		○		○	
音の再現					
登場人物の思いを再現		○		○	
児童の自覚を再現		○		○	

主題とねらい

主題名 みんななかよし

ねらい あひる、かめ、白鳥の気持ちの変化を通して、友達と仲よくすることの大切さに気付き、友達と仲よくし、助け合おうとする態度を育む。

教材の特質

(1) 教材の概要

 あひるとかめ、白鳥は、りすが泳げないという理由から、3人だけで池の島に遊びに行ってしまう。しかし、3人は少しも楽しくない。次の日、3人はりすに謝り、4人で島の遊び場に向かう。

(2) 教材の読み

- 自己の考えを深める人物 … あひる、かめ、白鳥
- 考えを深めるきっかけ … 3人だけで島で遊ぶ
- 考えを深める場面 … 4人で島に向かう場面

ここに
注目! 4人で島に向かうときの表情、様子

　4人で島に向かうとき、あひる・かめ・白鳥は、りすの顔を見て、何を感じたか。りすは、かめの背中に乗って島に向かうとき、何を感じたか。それは言葉で表現されていない部分が多いので、表情等から推察する必要がある。そこで、4人で島に向かう場面に焦点を当て、場面再現の「動き」を通してそれぞれの思いをつかみ、ねらいに迫っていく。

「動き」のPOINT

１．道徳的諸価値に基づく前理解を表出する「動き」
　島で3人だけで遊んでいる場面を、**代表児童の「動き」**で再現し、3人の思いをつかむきっかけとする。

２．道徳的価値に向き合い、自己を見つめる「動き」
　4人で島に向かう場面を、**グループの「動き」**で再現し、4人の思いを深くつかむきっかけとする。

３．対話・交流し、多面的・多角的に考える「動き」
　りすさんの様子を見て、あひるとかめと白鳥は、心の中でどんな言葉をつぶやいたかをホワイトボードに書き、マグネットによって対話、交流する。そして、相互評価と自己評価を繰り返して、考えを深めていく。

展開例　　学習活動　教材の範読

STEP 1　動き
Ⅰ

道徳的諸価値に基づく前理解を表出する「動き」

 10分

島で3人だけで遊んでいる場面を、**代表児童の「動き」**で再現し、3人の思いをつかむきっかけとする。

分担　かめ：代表児童1　あひる：代表児童2　白鳥：代表児童3

「動き」のポイント

・3人で遊んでいる様子、表情、声の抑揚
・間があったときの様子

「動き」のシナリオ

○代表児童の「動き」

　　児童3：やっぱり、りすさんがいたほうがいいね。

　　児童2：でも、りすさんは、泳げないからなあ。

　　　＊少し間を空ける

　　児童1：うん、いい考えがある。

3人で遊んでいる場面を演じる児童

発問

3人だけで島で遊んでいるとき、3人はどんなことを考えていたと思いますか。

りすさんと一緒に遊びたかったな。

りすさんがいないと寂しいな。

発問

かめさんが「うん、いい考えがある」と言った後、3人はどんな顔をしていたと思いますか。

うれしそうな顔。

喜んでいる顔。

STEP 2 動きI 道徳的価値に向き合い、自己を見つめる「動き」

 15分

4人で島に向かう場面を、**グループの「動き」**で再現し、4人の思いを深くつかむきっかけとする。

分担 かめ：児童1　あひる：児童2　白鳥：児童3　りす：児童4

「動き」のポイント

・かめの背中に乗ったりすの様子、表情、声の抑揚

・りすの様子を見る白鳥とあひるの様子、表情、言葉の抑揚

・りすを背中に乗せたかめの様子、表情、言葉の抑揚

　＊りす役は、跳び箱の1段目をかめの背中に見立て、その上に乗る。

「動き」のシナリオ

○グループの「動き」

　　児童1：りすさん、大丈夫？

　　児童4：大丈夫、大丈夫！

　　児童2：「　　　　　　　　　」

　　　　＊自由に言葉を考え、表現する。

　　児童3：「　　　　　　　　　」

　　　　＊自由に言葉を考え、表現する。

4人で島の向かう場面を演じる児童

発問

りすさんは、どんな様子だと思いますか？

 うれしそう。

 とっても喜んでいる。

発問

かめ、あひる、白鳥さんは、どんな様子だと思いますか？

 よかったと思っている。

 うれしそう。

STEP 3 ホワイトボードとマグネットを活用した対話・交流の「動き」 ⏱ 15分

発問

> りすさんの様子を見て、3人は心の中でどんな言葉を
> つぶやいていると思いますか？

予想される児童の反応

りすさん、 ごめんね。	にどと、 こんなことは しないよ。
りすさん、 うれしそう。	友だちが こまっていたら、 たすけよう。
友だちを こまらせるような ことはしないよ。	いつもなかよく あそぼう。

授業の振り返り 感想 **感じたことを自由に記入する。**

対話の中で心の残った言葉を選び、その人の名前と選んだ理由を書く。

＊自分の言葉を選択してもよいこととする。

相互評価の確認

　　「りすさん、ごめんね」。緑を置いた人は、どんなことがいいなあと思い
ましたか？
　　●りすさんが笑ってくれたからよかったけど、悲しませたから「ごめ
　　　ん」って言うと思う。
　　●やっぱり「ごめん」しかないと思うから。

　　「りすさん、うれしそう」。青を置いた人は、どんなことを聞いてみたい
のですか？
　　●りすさんは、本当に怒っていないのかなと思うから、どうかなと思って。

補助発問 1

かめの背中に乗ったりすさんは、心の中でどんな言葉をつぶやいているか
な？
　　●うれしい。
　　●みんなと一緒に遊びに行くことができて、うれしい。
　　●自分のために3人が戻ってきてくれた。とてもうれしい。
　　●いつまでも仲よくしたいな。

補助発問 2

友達と仲よくすると、どんないいことがあるかな？
　　●笑顔になれる。
　　●幸せそうな気持ちになれる。

●　緑のマグネット　➡　共感できる意見
●　青のマグネット　➡　もう少し考えを聞いてみたい意見

「動きⅡ」：ホワイトボードとマグ

児童の反応
取り上げたポイント

青が一番多く、この気持ちは、多くの児童が共有していると考え、取り上げた。

■青を置いた人は、どんなことを聞いてみたいのですか？
■Aさん、どうですか。

■皆さん、どうですか。

・何が大変なのですか？

・大変だけど、りすさんも一緒に行けるから、がんばっていることです。
・うん、分かった。

取り上げたポイント

3人の気持ちとりすの気持ちが表れており、青が3つ貼られていたため取り上げた。

りすさんと
あそびたい。
みんなとあそべて
たのしみ。

■青を置いた人は、どんなことを聞いてみたいですか？
■Bさん、どうですか。
■Cさん、どうですか。

・何をして遊びたいのですか？
・どんなことが楽しみですか？
・おにごっこや滑り台で遊びたいです。
・一緒に遊べることが楽しみです。

児童の感想
● きのうあそべなかったから、きょうあそべてすごくたのしかったと思う。
● 「あんしんしてね」ということばがやさしいと思った。
● 3人がたのしそうで、うれしそうでよかった。

ネットを活用した対話・交流の「動き」

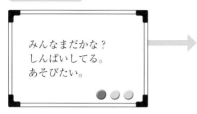

みんなまだかな？
しんぱいしてる。
あそびたい。

取り上げたポイント

複数の思いを羅列している児童であるが、
緑と青の両方の意見があるため取り上げた。

■Dさんに聞いてみたいことはあり
　ますか？
■緑を置いた人は、どんなところが
　いいなと感じましたか？
■みんなは、どうですか。

・どんなことに心配しているのですか？
　（Dさん→りすさん、怖くないかな？）
・遊びたいというところがよかった。
・りすさんを心配しているところがやさしい。
・りすさんは泳げないから、かめさんの背中か
　ら落ちないか心配していると思います。

きのうはあそべなかっ
たけど、きょうは
りすさんとあそべるぞ。

取り上げたポイント

一番共感が多く、ここまでの流れでみんな
一緒に遊びたいという気持ちが高まってき
ているため取り上げた。

■緑を置いた人は、どんなところが
　いいなと感じましたか？

■Eさん、どうですか？

■やっぱり4人のほうが楽しい？

・昨日は楽しくなかったけど、今日は4人だか
　ら、楽しいと思う。
・やっぱりりすさんが一緒のほうがいい。
・りすさんは泳げなくても、かめさんがいい考
　えを思いついたから一緒に遊べる。
・うん。楽しい。3人だと揃っていないから。
・友達だから楽しいよ。

●りすさんをしんぱいしているきもちがつたわってきた。
●かめさんがいいかんがえを思いついたおかげで、りすさんがしまにいけてよかっ
　た。

3年生

よわむし太郎

出典
「小学どうとく3　はばたこう明日へ」[教育出版]

「動き」	教師代替	代表児童	その場	グループ	全員参加
教材情景の再現		○		○	
音の再現					
登場人物の思いを再現		○		○	
児童の自覚を再現		○		○	

主題とねらい

主題名 正しいと思ったことは勇気をもって行う

ねらい 太郎が勇気をもって行動した生き方を深く考え、正しいと思ったことは勇気をもって行おうとする意欲と態度を育む。

教材の特質

（1）教材の概要

　太郎は、「よわむし」と村の子どもたちから悪戯を受けていた。ある日、子どもたちが世話をしていた白い鳥に弓を向けようとしている殿様を見かける。「だめでございます」と涙を流しながら、殿様の前に立ちはだかる太郎。その姿を見て、村の子どもたちは太郎に駆け寄り、それから後は「よわむし太郎」という名前は、村から消える。

（2）教材の読み

- 自己の考えを深める人物 … 村の子どもたち
- 考えを深めるきっかけ 　… 太郎が殿様の前に立ちはだかる
- 考えを深める場面 　　　… 太郎が殿様の前に立ち、訴える場面

ここに
注目!　殿様の前に立ちはだかる太郎の姿

　太郎は、
・白い鳥の命を守ろうとした
・村の子どもたちの思いを守ろうとした
・殿様であっても、何でも許されるわけではないことを訴えようとした
など、様々な思いをもって殿様の前に立ったことが予想される。
　そこで広い視野から、太郎の思いをとらえるために場面再現の「動き」を取り入れ、ねらいに迫っていく。

「動き」のPOINT

１．道徳的諸価値に基づく前理解を表出する「動き」
　太郎が村の子どもたちにからかわれる場面を、**グループの「動き」**で再現し、太郎のやさしさをつかむ。

２．道徳的価値に向き合い、自己を見つめる「動き」
　太郎が殿様の前に立ちはだかる場面を、**代表児童の「動き」**で再現し、太郎の思いを広い視野から実感する。

３．対話・交流し、多面的・多角的に考える「動き」
　殿様の前に立ちはだかったとき、太郎は心の中でどんな言葉をつぶやいたかをホワイトボードに書き、マグネットによって対話、交流する。そして、相互評価と自己評価を繰り返して、考えを深めていく。

STEP 1 　動きⅠ 　道徳的諸価値に基づく前理解を表出する「動き」 8分

太郎が村の子どもたちにからかわれる場面を、**グループの「動き」**で再現し、太郎のやさしさをつかむ。

分担 太郎：児童1　子ども1：児童2　子ども2：児童3

「動き」のポイント 太郎の表情、言葉

「動き」のシナリオ

○グループの「動き」

児童2、3：よわむし太郎、こっちへ来い。よわむし太郎。

児童1　　：子どものことだもの、仕方がねえさ。

子どもにいたずらされる太郎を演じる児童

  太郎は、どんな顔をしていると思いますか？

発問

 ニコニコしている。　 笑っている。

 どうして、そう思いましたか？

発問

太郎はやさしいから。　 太郎は、子どもが大好きだから。

STEP 2 　動き Ⅰ 　道徳的価値に向き合い、自己を見つめる「動き」 12分

太郎が殿様の前に立ちはだかる場面を、**代表児童の「動き」**で再現し、太郎の思いを広い視野から実感する。

分担 太郎：児童1　　殿様：児童2　　白い鳥：児童3

「動き」のポイント 太郎の立つ位置。太郎の表情、言葉、声の抑揚

「動き」のシナリオ

○代表児童の「動き」

（殿様と白い鳥は離れて立ち、その間に太郎が立つ）

児童1：ダメ。

＊児童2、3には「せりふ」は無し。

白い鳥を守ろうとする太郎を演じる児童

殿様を止めようとする太郎を演じる児童

 どうして、白い鳥の前に立ったのですか？

発問

 白い鳥を助けたいから。

白い鳥は、子どもたちが世話をしてきた、大事な鳥だから。

 どうして、殿様の前に立ったのですか？

発問

 殿様に分かってもらいたかったから。

 なんとしても、やめてもらいたいから。

STEP 3 ホワイトボードとマグネットを活用した対話・交流の「動き」 ⏱ 20分

発問

殿様の前に立ちはだかったとき、太郎は心の中でどんな言葉をつぶやいたと思いますか？

予想される児童の反応

┌─────────────────────┐
あなたは、
とのさまですよ。

└─────────────────────┘

┌─────────────────────┐
こわいけど、
にげないぞ。
└─────────────────────┘

┌─────────────────────┐
なんとしても
白い鳥を守るぞ。
└─────────────────────┘

┌─────────────────────┐
子どもたちが
かなしむ顔を
見たくない。
└─────────────────────┘

┌─────────────────────┐
ぜったい、
負けないぞ。
└─────────────────────┘

┌─────────────────────┐
とのさまが
こんなことを
してはダメです。
└─────────────────────┘

授業の振り返り　感想　感じたことを自由に記入する。

対話の中で心の残った言葉を選び、その人の名前と選んだ理由を書く。

＊自分の言葉を選択してもよいこととする。

相互評価の確認

「こわいけど、にげないぞ」。緑を置いた人は、どんなことがいいなあと思いましたか？

● 自分も「にげないぞ」と思うから。
● 「こわいけど」も「にげないぞ」もあると思うから。

「あなたは、とのさまですよ」。青を置いた人は、どんなことを聞いてみたいのですか？

● どんなことを言っているのか、分からなかった。

補助発問 1

太郎は両手を広げたまま、目から大きな涙をこぼしながら、殿様に頼みます。どうして、涙が流れたのかな？

● 悲しくて。
● 悔しくて。
● 頭にきて。

補助発問 2

弱虫だから、涙が流れたの？

● 違う、弱虫なんかじゃない。
● 強くても、涙は流れる。

● 緑のマグネット ➡ 共感できる意見
● 青のマグネット ➡ もう少し考えを聞いてみたい意見

授業者の動き

> この鳥は助けて
> あげて！
> 子どもたちが
> かなしんじゃう。
> ● ● ● ●

■Aさん、感情を込めて、もう一度
　言ってください。
■緑を置いた人は、どんなところが
　同じ意見なのですか。

■Bさん、白い鳥もかわいそうなの
　ですか。
■みなさんは、どうですか。

> 鳥につみは
> ないんだから、
> 助けて！

■Aさんの意見と同じですが、Cさ
　んも同じ意見なのですか。

■みなさんは、どうですか。

児童の反応

取り上げたポイント

村の子どもたちの思いを気遣う太郎を想像
している。太郎のやさしい心をつかむため
に、取り上げた。

・「この鳥は助けてあげて。子どもたちが悲し
　んじゃう」（懇願するように話す）
・子どもたちが世話した鳥だから、殺されたら
　かわいそうだから。
・白い鳥もかわいそうだから。
・そう。だって何かしたわけじゃないし。

・鳥も子どもたちも、どっちもかわいそう。
・鳥が殺される理由なんてない。

取り上げたポイント

話の流れの中で、出てきた意見と全く同じ
ホワイトボードがあったため、確認するた
めに取り上げた。

・同じです。白い鳥は何も悪いことはしていな
　い。殺す理由なんて１つもないし、殺すこと
　自体がダメだと思う。
・鳥を殺したら、殿様が悪いこと（罪）をした
　ことになる。絶対ダメ。
・殺したらダメ。
・殺されたら、本当にかわいそう。

児童の感想

● 太郎はよわむしなんかじゃない。本当にやさしい人だと思う。ぼくもときどきな
　いてしまうこともあるけど、太郎のようにかわいそうな人がいたら、こわがらず
　にたすけてあげたいと思う。
● 太郎は、本当にやさしい人だと思いました。こんなやさしい人がいたら、みんな

ネットを活用した対話・交流の「動き」

取り上げたポイント

ダメだ！ ぜったいに
うたせない。
この白い大きな鳥は、
子どもたちみんなで
育てたから！！ ● ● ●

→ 「みんなで育てた」という言葉は、多くの共
感を得られると考え、取り上げた。

■Dさん、絶対にダメですか。

・絶対にダメ。だって、村の子どもたちみんな
　で育てていた大切な鳥だから。自分たちが心
　を込めて育てた動物が誰かに殺されたら、す
　ごく心が傷付くと思う。

■緑の人は、どんなところが同じ意
　見なのですか。

・絶対ダメだというところです。
・大切な仲間だから（多くの児童がうなずく）。

取り上げたポイント

それでも、
とのさまか！ ● ●

→ 国を守り、国民を守るのが殿様の役割とす
れば、この児童にとってはその役割を果た
していない、果たしてほしいという思いが
あふれている。役割と責任に、視野を広げ
るために取り上げた。

■Eさん、もう一度感情を込めて
　言ってくれますか。
■青を置いた人は、どんなことを聞
　きたいのですか。
■Eさん、説明してください。

■みんなは、どう思いますか。

・「それでも殿様か！」（力強く話す）

・どんなことを言っているのかと思って。

・殿様には責任があるから、勝手なことをする
　なと思った。
・その通りだと思う（多くがうなずく）。

がなかよく生活できると思いました。

● Eさんの「それでもとのさまか！」という意見がとてもいいなと思いました。そ
　の理由は、とのさまだからといって、いきものをころしていいなんておかしいと
　思ったからです。そんなことはぜったいにだめだと思いました。

091

3

その場での「動き」で
学ぶ

その場での「動き」を行う際のポイント

その場での「動き」

　教材上に描かれている場面を自分自身でその場で再現する「動き」。

その場での「動き」のメリット

● 自分のペースで考えることができる。

● 他者と調整する必要がなく、繰り返しやすい。

● 新たな疑問が浮かび、自己への問いが自分自身によって生まれること
　がある。

　その場での「動き」の目的は、

● **子ども自身の力で、考えに気付き、発見すること**

です。

　その場での「動き」は、1人で行う「動き」になります。この「動き」の
最大のメリットは、自分のリズム、ペースで考えることができるという点で
す。思い浮かんではその場で再現し、違和感を感じたならば、また考える。
そして、再現してみる。内省と自問は道徳科の学習活動の根幹です。そこに
具体化＝場面再現の「動き」を取り入れることで、自分事としてより深く考
えられるようになっていきます。

　その場での「動き」では、他者との調整を図る必要はありません。与えら
れた時間の中で、自由に、何度でも考え、再現できます。この過程の中で、
気付き、発見が生まれるだけでなく、新たな疑問が浮かぶこともあります。

これは、

●問いが問いを生む

状態と言えるでしょう。ここまでくれば、あとは児童の力を信じ、自由に考え、表現させてあげることで、自己評価力も高まっていくでしょう。

その場での「動き」

その場での「動き」のデメリット

●思考が固まってしまう児童への対応が必要になる。

　デメリットは、思考が固まってしまう児童への対応が必要になるという点です。教材の難易度や児童の精神状態などにより、登場人物に自分自身を重ね合わせることができない、教材そのものが理解できないといったことが起こることがあります。このような場合には、思考の「呼び水」として教師代替の「動き」を併用したり、グループで互いの「動き」を観察し合うなどの対策を取ることが必要です。

　右図は、『コスモスの花』（光村図書6年）における**その場での「動き」**です。思わず「やめろよ」と声を出した場面を、その場での「動き」で再現し、友情とは何かを再考し、考えを深めていくきっかけとします。一言「やめろよ」と表現するだけ

「やめろよ」と言葉を発する児童

の「動き」ですが、音の感じ、体全体から発する雰囲気などから、友情そのものの価値について向き合うことができます。過去の実践では、怒りを相手ではなく自分に向ける様子、怒りよりも情けなさが表現される様子など、一人一人が真剣に考えた結果を表現していました。

1年生

ちいさな　ふとん

出典

「どうとく1」[光村図書]

「動き」	教師代替	代表児童	その場	グループ	全員参加
教材情景の再現			○	○	
音の再現					
登場人物の思いを再現			○	○	
児童の自覚を再現			○	○	

主題とねらい

主題名 おおきく　そだって

ねらい 生まれたばかりの弟の様子から、自分の成長に気付くよしこの姿を通して、命を大切にしようとする心情を育む。

教材の特質

（1）教材の概要

　主人公のよしこは、生まれたばかりの弟の様子や弟のふとんに並んで寝てみたことから、体が大きくなったことを実感し、自分の成長に気付く。

（2）教材の読み

- 自己の考えを深める人物 … よしこ
- 考えを深めるきっかけ　… 弟の手を握る、弟のふとんに並んで寝る
- 考えを深める場面　　　…「よしこは、もうこのおふとんではねられなくなったわね」というお母さんの言葉を聞いた場面

 ここに
注目! 弟の手を握り、ふとんに並んで寝るよしこの姿

　よしこは、弟の手を握る。このとき、よしこは、その大きさ、柔らかさ、弾力感などを感じ取ったはずである。よしこが体感し、実感したことで、6歳になった自分と弟との違いも感じ取ったはずである。この体感、実感を想像し、場面再現の「動き」を通してねらいに迫っていく。

「動き」のPOINT

1．道徳的諸価値に基づく前理解を表出する「動き」

　「わたしがおねえちゃんよ。よろしくね」と言って握手する場面を、その場での「動き」で再現し、よしこの気付きを実感する。

2．道徳的価値に向き合い、自己を見つめる「動き」

　弟のふとんに並んで寝てみた場面を、グループ（児童と教師）の「動き」で再現し、よしこの気付きを実感する。

3．対話・交流し、多面的・多角的に考える「動き」

　「よしこは、もうこのおふとんではねられなくなったわね」というお母さんの言葉を聞いたときのよしこの心の中でのつぶやきをホワイトボードに書き、マグネットによって対話、交流する。そして、相互評価と自己評価を繰り返して、考えを深めていく。

STEP 1 動き I 道徳的諸価値に基づく前理解を表出する「動き」 10分

「わたしがおねえちゃんよ。よろしくね」と言って握手する場面を、その場での「動き」で再現し、よしこの気付きを実感する。

分担 よしこ：児童

「動き」のポイント どのように弟の手を握るか、そのときの表情

「動き」のシナリオ

○その場での「動き」

児童：（その場で、弟の手を握る様子
を演じる）

弟の手を握るよしこを演じる児童

 みんななら、どうやって弟の手を握るかな？

発問

 やさしくさわるように握る。

 力を入れないようにする。

 よしこさんは、自分の手と比べてみて、どんなことに気付いたと思いますか？

発問

 自分の手のほうが、とっても大きいことに気付いた。

 どっちの手も、温かいことに気付いた。

 自分の手のほうがしっかりしていることに気付いた。

STEP 2 動き Ⅰ 道徳的価値に向き合い、自己を見つめる「動き」

 15分

弟のふとんに並んで寝てみた場面を、**グループ（児童と教師）の「動き」**で再現し、よしこの気付きを実感する。

分担 **よしこ：児童　お母さん：教師**

「動き」のポイント

・弟のふとんに寝てみようとする表情とその動き

・2人の表情

「動き」のシナリオ

○グループ（児童と教師）の「動き」

ふとんに寝てみようとする児童

教　師：よしこは、もうこのお
　　　　ふとんでは寝られなく
　　　　なったわね。
児童1：（その場で、弟のふとんに
　　　　寝てみようとする）

 発問 お母さんは、どんな様子ですか？

やさしく見ている。　 笑顔。

 発問 よしこさんは、どんな様子ですか？

 うれしそう。　 笑顔。

STEP 3 動き Ⅱ ホワイトボードとマグネットを活用した対話・交流の「動き」

⏱ 15分

発問

弟のふとんに寝転びながら、お母さんの言葉を聞いたとき、よしこさんは心の中でどんな言葉をつぶやいたと思いますか?

予想される児童の反応

なつかしいな。	もっともっと大きくなりたいな。 🔘🔘🔘🔘🔘
こんなに大きくなっていたなんて、気づかなかったなあ〜。	もう大きくなったから、ねられないな。
びっくりする! 🔘🔘🔘	わたしもせいちょうしたんだな。

授業の振り返り 感想 感じたことを自由に記入する。

対話の中で心の残った言葉を選び、その人の名前と選んだ理由を書く。

＊自分の言葉を選択してもよいこととする。

「動きⅡ」：ホワイトボードとマグネットを活用した対話・交流の「動き」のポイント

1 　教材の特質に応じて、できるだけ多くのホワイトボードを取り上げましょう。
2 　マグネットが置かれたものを取り上げることで、児童による「問い」が生まれやすい環境が整います。
3 　自然な流れで考えを深めるために、4〜5枚のホワイトボードを選択し、その順序を決めておくことが大切です（児童と一緒に教師も相互評価に参加し、そのときに選択します）。

相互評価の確認

　緑を置いた人は、どんなことがいいなあと思いましたか？
　●ぼくももっともっと大きくなって、サッカー選手になりたいから。

　青を置いた人は、どんなことを聞いてみたいのですか？
　●どんなことにびっくりしたのか、聞いてみたい。

補助発問 1

　赤ちゃんのときより体が大きくなるって、みんなはどんな感じがしますか？
　●うれしい。　　●すごいこと。　　●びっくりする。　　●不思議な感じ。

補助発問 2

　もし6年生になっても、みんなの体が今と同じ大きさだったら、どんなことが起きてしまうと思いますか？
　●早く走れなくなる。　　　　　●サッカーの試合で負けてしまう。
　●病気になってしまうかも。　　●中学生になれないかも。

補助発問 3

　よしこさんのように、自分の体が大きくなっていくために、大切なことはどんなことだと思いますか？
　●病気にならない。　　　　●いつも元気でいる。　　●たくさん寝る。
　●たくさん運動する。　　　●食べ物の好き嫌いをしない。

● 緑のマグネット ➡ 共感できる意見
● 青のマグネット ➡ もう少し考えを聞いてみたい意見

「動きⅡ」：ホワイトボードとマグ

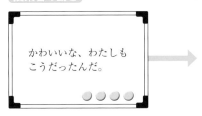

かわいいな、わたしも
こうだったんだ。

■緑を置いた人は、どんなところが
　いいなあと思いましたか？

取り上げたポイント

弟と自分より小さくなった布団を見て、自
分の成長を感じている意見に緑のマグネッ
トが多く、考えが広がりやすいと考え、取
り上げた。

・「かわいいな」が同じです。
・「わたしもこうだったんだ」が同じです。

取り上げたポイント

そうなった、
ありがとう。

■青を置いた人は、どんなことを聞
　いてみたいのですか？
■Aさん、教えてください。
■緑を置いた人は、どんなところが
　いいなあと思いましたか？
■「ありがとう」を代わりに説明を
　してくれる人はいますか？

小さく「ありがとう」と書いていたので、
何に対して「ありがとう」と考えた言葉な
のかを聞くために取り上げた。しかし、書
いたOさんが「ありがとう」の意味を上手
く伝えられなかったため、共感した人に考
えを聞いた。

・「そうなった」って、どんなことかと思い
　ました。
・体が大きくなったことです。
・「ありがとう」が同じ。

・自分が使っていたおさがりの布団に寝てくれ
　て「ありがとう」なんだと思った。
・お母さんに「育ててくれて、ありがとう」か
　なと思いました。
・お母さんだけではなく、自分を育ててくれた
　みんなじゃないかな。

●赤ちゃんが、かわいいとおもった。
●おともだちのおはなしがきけてよかった。
●「ぼくも、こんなふうにねていたのかな」とおもった。
●むかしを、おもいだしました。

ネットを活用した対話・交流の「動き」

小さいころが
なつかしいね。

「なつかしいね」は自分の小さい頃を思い出している言葉であり、成長をどう感じているのか聞くために取り上げた。

■Aさん、説明してください。

■緑を置いた人、どんなところがいいなあと思いましたか。

・ゆういちを見て、「なつかしいね」って思った。
・自分が小さかった頃を思い出したから。

一番多く出た意見であり、マグネットを貼った人以外の児童にも何に対して「かわいい」という考えがあったのかを確認するために取り上げた。

かわいいな。

■緑を置いた人、どんなところがいいなあと思いましたか。
■みなさんが6年生になったとき、今と体が変わらなかったら、どう思いますか？
■6年生みたいに体が大きくなるには、どんなことが必要かな？

■よしこさんのように、自分の体が大きくなっていくために、大切なことは何かな。

・ゆういちがかわいいと思った。
・布団が小さくてかわいいと思った。
・それは、嫌だ！
・そんなことない！　絶対大きくなる！

・たくさん寝る。
・カルシウムや栄養をたくさん取る。
・お父さんとお母さんにやさしくしてもらう。
・ママのご飯を食べる。　　・よく寝る。
・牛乳をいっぱい飲む。
・手洗い、うがいをする。

●なつかしいなとおもいました。
●よしこさんは、心のやさしい子だとおもいました。
●小さいときもみんながいてくれたから、ここまで大きくなりました。
●赤ちゃんは、あんなに小さいんだな。
●赤ちゃんはねていて、小さいとおもった。

5年生

友のしょうぞう画

出典
「小学道徳　生きる力５」[日本文教出版]

「動き」	教師代替	代表児童	その場	グループ	全員参加
教材情景の再現			○		
音の再現					
登場人物の思いを再現			○		
児童の自覚を再現			○		

主題とねらい

主題名 信じ合う心

ねらい 正一の版画を見て変化する和也の思いを通して友達を理解し、互い
に信じ合って友情を深めようとする意欲と態度を育む。

教材の特質

（１）教材の概要

　病気のために転校した正一からの手紙の返事が届かなくなったため、和也
も手紙を書かなくなる。和也はある日、近くのデパートで「全国院内学級絵
画展覧会」があることを知り、いてもたってもいられなくなる。そこには、
自分を描いた木版画があり、解説も付けられていた。それを見た和也の目か
ら涙があふれる。

（２）教材の読み

- 自己の考えを深める人物 … 和也
- 考えを深めるきっかけ　… 正一の版画と解説の文
- 考えを深める場面　　　… 正一の版画と解説の文を見て涙を流す場面

（3）ねらいに迫るために

ここに
注目！　力が入らない手で版画を彫る正一の姿

　正一は版画を彫るのに1年もかかるほど病気は重く、だから手紙も書けなかった。何も見ずに和也の顔を描けたのは、ずっと強く和也のことを思っていたからである。そこで、正一の思いを想像し、場面再現の「動き」を通して和也の思いを考え、ねらいに迫っていく。

「動き」のPOINT

1．道徳的諸価値に基づく前理解を表出する「動き」

　正一が版画を彫る様子を想像し、**その場での「動き」**で再現し、正一の思いや考えをつかむ。

2．道徳的価値に向き合い、自己を見つめる「動き」

　和也が正一の版画を見つけ、見つめる場面を、**その場での「動き」**で再現し、和也の思いをつかむ。

3．対話・交流し、多面的・多角的に考える「動き」

　和也が正一の版画を見たとき、和也は心の中でどんな言葉をつぶやいたかをホワイトボードに書き、マグネットによって対話、交流する。

　そして、相互評価と自己評価を繰り返して、考えを深めていく。

STEP 1 　動き I 　道徳的諸価値に基づく前理解を表出する「動き」　　10分

正一が版画を彫る様子を想像し、**その場での「動き」**で再現し、正一の思いや考えをつかむ。

分担　正一：児童

「動き」のポイント　手が思うように動かない状態で、正一はどのように版画を彫っているか。そのときの正一の表情や様子

「動き」のシナリオ

○その場での「動き」

　児童：（版画を彫る様子）

　　＊「せりふ」はあってもなく
　　　ても自由

版画を彫る正一を演じる児童

発問　正一は、どうして和也の顔を描こうと思ったのですか？

　一度も和也のことを忘れたことがなかったから。

　和也は大切な友達だと思っていたから。

　また会って話がしたいと思っていたから。

　言葉で表現するより、絵にしたほうが自分の思いが伝わると思ったから。

発問　しばらく会っていなければ、顔の表情を描けないのでは？

　絶対に和也のことを忘れていないから、描けると思う。

　和也は大切な友達だから、写真もあったと思う。

STEP 2 動き Ⅰ 道徳的価値に向き合い、自己を見つめる「動き」

 10分

和也が正一の絵を見つけ、見つめる場面を、**その場での「動き」**で再現し、和也の思いをつかむ。

- -

分担 和也：児童

「動き」のポイント 絵を見て、驚く、うなだれる、涙を流すなど、和也の雰囲気、表情

「動き」のシナリオ

○その場での「動き」

児童1：（正一の版画を見つめる）

＊「せりふ」はあってもなくても自由

正一の版画を見つめる和也を演じる児童

 和也は、どんな様子ですか？

発問

 真剣に版画を見ている。

 まっすぐに立ったままでいる。

 どうして、そう思ったのですか？

発問

 正一の版画に圧倒されたから。

 驚いていたから。

 正一の説明文を読んで、申し訳ないと思ったから。

STEP 3 ホワイトボードとマグネットを活用した対話・交流の「動き」

⏱ 20分

 発問

> 和也の目から涙がこぼれたとき、和也は心の中でどんな言葉をつぶやいたと思いますか？

予想される児童の反応

どうして、
ボクの絵なの？

すぐに
手紙を書こう。

手紙を
書けなかった
理由が分かった。

病気で手に力が
入らないのに、
こんなにがんばっ
ていたんだ。

正一は、やっぱり
かけがえのない
友だちだ。

自分が、
はずかしい。

授業の振り返り 感想 感じたことを自由に記入する。

対話の中で心の残った言葉を選び、その人の名前と選んだ理由を書く。

＊自分の言葉を選択してもよいこととする。

相互評価の確認

　　緑を置いた人は、どんなことがいいなあと思いましたか？
　　●ぼくもすぐに手紙を書きたいと思うから。

　　青を置いた人は、どんなことを聞いてみたいのですか？
　　●「はずかしい」。どんなことが恥ずかしいのか、聞いてみたい。

補助発問 1

　　もう一度、聞きます。どうして、正一は和也の顔を描いたと思いますか？
　　●和也のことを絶対に忘れないと思っていたから。
　　●いつか和也に自分の思いを伝えたいと思っていたから。
　　●いつまでも友達でいたいと思っていたから。
　　●手紙が書けず、申し訳ないと思っていたから。

補助発問 2

　　「自分がはずかしい」。みんなは、どんなことが恥ずかしいと思いますか？
　　●返事がないことを心配しなかったこと。
　　●いつの間にか、正一のことを忘れてしまったこと。
　　●正一の思いと自分の思いの強さの違い。

●　緑のマグネット ➡ 共感できる意見
●　青のマグネット ➡ もう少し考えを聞いてみたい意見

授業者の動き

児童の反応
取り上げたポイント

正一はこんなに一生
けんめい、手を動かし
たんだ。しかも、
こんなに苦労して…。

→ 正一の苦労を、共有するために取り上げた。

■ 緑を置いた人は、どんなところが
同じ意見なのですか。
■ Aさん、「苦労して…」の「…」
にどんな言葉が入るのですか。
■ みんなは、どうですか。
■ みなさんは、何年も会っていない
人の顔を描くことはできますか。
■ どうしてですか。

■ では、どうして正一は描くことが
できたのかな。

・一生懸命さと苦労の両方が分かるから。
・すごく苦労したんだろうと、私も思ったから。
・「ごめんね」かな。

・「ありがとう！」じゃないかな。
・絶対無理
（多くの児童が無理だと表現する）
・会っていないから、忘れている。
・何となくしか、覚えていないから。
・和也のことを大切だとずっと思っていたから。
・和也のことを忘れていないから。

取り上げたポイント

こんなに
ぼくのこと大切に
思ってくれたんだ。

→ 和也の気付きを、共有するために取り上げた。

■ Bさん、もう少し詳しく教えてく
ださい。

・版画を彫るのに1年もかかった。だから、手
紙も書けなかった。それだけ、病気が重いん
だ。手紙も版画の絵も、正一にとっては同じ
で、文字よりも絵のほうが気持ちが伝わると
思った。和也は、そのことに気付いたと思う。

児童の感想
● リハビリをしながら版画をほっているところが、がんばっているなあ〜と思って、
少し泣きそうになりました。私も小さいときに大きな、つらい病気にかかってしま
い、入院していたときがあります。正一も、私よりもつらかったのかなと思いました。
● はなればなれでも、心が通じている親友って、いいなと思いました。

ネットを活用した対話・交流の「動き」

授業者の動き

はずかしいな。

児童の反応
取り上げたポイント

和也の素直な気持ちを押さえるために取り上げた。

■青を置いた人は、どんなことを聞いてみたいのですか。
■Cさん、どんなことが恥ずかしいのですか。
■みなさんはどうですか。

・どんなことが恥ずかしいのかなと思いました。
・手紙を勝手に書かなかったこと。

■どうして、そのように感じるのですか。

・正一の絵を見たら、私は恥ずかしいと思うかもしれない。
・正一との気持ちに差があるから。
・友達を思う気持ちの差なんじゃないかな。

取り上げたポイント

反省、後悔に終わることなく、未来への友情の気持ちを高めるために取り上げた。

ぼくのことを考えてかいてくれたから、自分もがんばらなきゃいけないから。

■Dさんは、どんなことをがんばらなきゃならないと思ったのですか。
■みなさんは、どうですか。

・手紙を書くことはもちろんだけど、それだけではいけないと思う。
・普段の生活。
・今いる友達も大切にすること。

■「今いる友達」ですか。もう少し詳しく教えてください。

・正一のことを忘れないことはもちろんだけど、今いる友達も大切にすることが大事だと思う。

● 友だちは、一生大切にすべきだと思う。友達のきずなは、病気にも何でも勝てると思う。会えなくても、前向きに考えて、また会いたいと思えば、いつでも会えると思う。
● 今日は友達のことをたくさん考えることができたので、これからはもっと大切にしようと思った。

6年生

コスモスの花

出典

「きみがいちばんひかるとき　どうとく6」[光村図書]

「動き」	教師代替	代表児童	その場	グループ	全員参加
教材情景の再現			○		
音の再現					
登場人物の思いを再現			○		
児童の自覚を再現					

主題とねらい

主題名 友達のために

ねらい 玉木の思いの変化を通して、友達との友情を深め、互いに信頼し、仲よく助け合っていこうとする心情を育む。

教材の特質

（1）教材の概要

　コスモスの花を生けた友達の北山に対して複雑な気持ちを感じ、離れたところから見ていた主人公の玉木。玉木は、クラスの男子の心ない言葉に、「やめろよ」と思わず声を出す。

（2）教材の読み

- 自己の考えを深める人物 … 玉木
- 考えを深めるきっかけ　… クラスの男子の心ない言葉
- 考えを深める場面　　　…「やめろよ」と思わず声を出す場面

ここに
注目！ 「やめろよ」と言う玉木の姿

　友達でありながらも優位性を感じていた玉木だったが、初めて北山への思いが複雑に交差する。迷い、葛藤し、離れたところから見ていたときに、クラスの男子の心ない言葉を耳にする。玉木は、直感的に反応し、「やめろよ」と言葉を発する。この思わず発した言葉には、玉木の北山との友情、さらに玉木自身の生き方が強く影響したはずである。この直感的に反応した玉木の心を想像し、場面再現の「動き」を通してねらいに迫っていく。

「動き」のPOINT

１．道徳的諸価値に基づく前理解を表出する「動き」

　玉木が「北山なんてー」と言葉を発した場面を、**その場での「動き」**で再現し、玉木の心の揺れをつかむ。

２．道徳的価値に向き合い、自己を見つめる「動き」

　「やめろよ」と声を出した場面を、**その場での「動き」**で再現し、友情とは何かを再考し、考えを深めていくきっかけとする。

３．対話・交流し、多面的・多角的に考える「動き」

　「やめろよ」と思わず声を出したときの玉木の心の中でのつぶやきをホワイトボードに書き、マグネットによって対話、交流する。そして、相互評価と自己評価を繰り返して、考えを深めていく。

展開例 学習活動 教材の範読

STEP 1

動き Ⅰ **道徳的諸価値に 基づく前理解を表出する「動き」** 8分

玉木が「北山なんてー」と言葉を発した場面を、**その場での「動き」**で 再現し、玉木の心の揺れをつかむ。

分担 玉木：児童

「動き」のポイント

「北山なんてー」と言葉を発する表情、目線、声の抑揚

＊言葉は心の中でつぶやく、サイレントでも構わない。

「動き」のシナリオ

○その場での「動き」

　　児童：北山なんてー。

「北山なんてー」と言葉を発する児童

「北山なんてー」「ー」に、どんな言葉が入ると思いますか？

発問

俺より、 下だったじゃないか。

俺よりサッカーも勉強 もできなかったのに。

自分と北山君は、対等の立場でないと思っていたのですか？

発問

自分のほうが 上だと思っていた。

北山の実力を、玉木は 知らなかったから、 勝手にそう思っていた。

STEP 2

動き
Ⅰ

道徳的価値に向き合い、自己を見つめる「動き」

 12分

「やめろよ」と声を出した場面を、**その場での「動き」**で再現することで、友情とは何かを再考し、考えを深めていくきっかけとする。

分担 玉木：児童

「動き」のポイント

「やめろよ」と言葉を発する表情、目線、声の抑揚

「動き」のシナリオ

○その場での「動き」

　　児童：やめろよ。

「やめろよ」と言葉を発する児童

なぜ、玉木君は声を出したのですか？

発問

 北山が怪我をするとまずいと思ったから。

それは言い過ぎだと感じたから。

 なんか頭にきたから。

 なんか腹がたってきたから。

北山君に対して、悪い感情があったのではないのですか？

発問

 あったにはあったが、友達であることには変わりはないと思っていた。

 別に友達の関係を切ったわけではない。

STEP 3 動きⅡ ホワイトボードとマグネットを活用した対話・交流の「動き」   20分

発問

「やめろよ」と声を出した後、玉木君は心の中でどんな言葉をつぶやいたと思いますか？

予想される児童の反応

> 北山のことを
> 知っているつもりで
> 知らなかったんだ。

> 自分がなさけない。

> こんなんじゃ、
> だめだ。

> 俺ら友達なのに、
> こんなんで
> いいのかな？

> もっと北山の
> ことをしっかりと
> 考えなければ
> ダメだった。

> 北山のことを
> 友達と思っていな
> かったのかな？

授業の振り返り **感想** 感じたことを自由に記入する。

対話の中で心の残った言葉を選び、その人の名前と選んだ理由を書く。

＊自分の言葉を選択してもよいこととする。

114

相互評価の確認

緑を置いた人は、どんなことがいいなあと思いましたか？

● 知っているつもりになっているって、よく分かるから。

● 自分も同じ経験があるから、よく分かる。

青を置いた人は、どんなことを聞いてみたいのですか？

● 「なさけない」。どんなことが情けないのかなと思った。

補助発問 1

「こんなんじゃ、だめだ」。どんなことがだめなのですか？

● 北山がいじめの対象になってしまうこと。

● 嫉妬している自分自身に。

補助発問 2

北山君とは、友達ではないのですか？

● 友達だけど、北山君を軽く見ていた。

● 友達だけど、北山君を下に見ていた。

補助発問 3

北山君は、玉木君のことをどのように思っていると思いますか？

● 今までと同じで、変わらない。

● 自分にはできないことをできる、尊敬する存在。

補助発問 4

友達を大切な存在と考えるために、大切にしたい考えを教えてください。

● お互いを認め合う心。　　● 信頼し合うこと。

● 相手の話をよく聞くこと。　● いつも言葉をかけ合うこと。

● 緑のマグネット ➡ 共感できる意見

● 青のマグネット ➡ もう少し考えを聞いてみたい意見

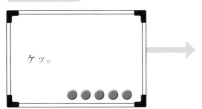

ケツ。

Aさんがホワイトボードを貼ったとたん、学級の児童から、「なんで」という声が多かったため取り上げた（青が多かった）。

■青を置いた人は、どんなところを聞いてみたいのですか。

■Aさん、説明してください。

■今の意見を、どう思いますか？

・なぜ、「ケツ」と一言で書いたのか。
・「ケツ」は、友達に言う言葉ではないなあと思ったから。
・北山くんに対して言ったのではなく、北山のことを悪く言った自分と、陰口を言っている人たちに言った言葉です。
・それならあるかも。

いくらなんでも
ひどすぎ。
友達をそんなふうに
言わないでよ。

共感する緑のマグネットが多かったので、その理由を把握するために取り上げた。

■緑を置いた人は、どこに共感したのですか。

■皆さんは、どう思いますか？

・自分もよく感じることだから。
・ボールをぶつけようと思っているのはひどいと思ったところ。
・友達のことを思っているところ。
・ちょっと、そこまではないなあと思う。
・これはいじめになる。
・やりすぎで、絶対にダメ。

●僕も前にこんなことがあったから、なんとなく玉木の気持ちが分かる気がする。
●友情は不思議なものだと思った。
●お互いにぶつかったり、助け合ったりすることが大事だと思いました。

ネットを活用した対話・交流の「動き」

授業者の動き

> なんでそんなこと
> 言うんだよ。でも僕も
> 同じようなこと言った
> のか。僕もあいつらも
> 最低だな。

児童の反応
取り上げたポイント

玉木の中にある誠実な思いをつかむために
取り上げた。

■Bさん、説明してください。

■「最低だな」というところをもう
　少し説明してください。
■皆さんは、どうですか?
■玉木君は北山君のことを悪く言っ
　ていましたが、2人は友達だと思
　いますか。
■嫉妬？　他の皆さんは？

・「やめろよ」と言った後に、自分も同じよう
　なことを思っていたから。
・北山のことを悪く言った自分と、悪口を言っ
　ているまわりの人が最低だと思ったから。
・友達のことを悪く言う玉木は最低。
・友達です。
・たまたま立場が逆になっただけだから。
・玉木君は北山君に嫉妬したんだと思う。
・そうだと思う（多くがうなずく）。

取り上げたポイント

反省、後悔に終わることなく、未来への友
情の気持ちを高めるために取り上げた。

> 大切な存在だから。

■Cさん、説明してください。
■皆さん、友達ってどんな存在です
　か。
■友達を大切な存在と考えるため
　に、皆さんが大切だと思う考えを
　教えてください。

・友達は大切だと思う。
・大切な人。　　・共感し合える人。
・助け合う人。　・信じ合える人。
・友達のことを素直に「すごい」とほめること
　ができる心。
・友達を、いつも大切な存在だと思うこと。
・いろいろな面を知ること。

● どんなにくやしくても、友達をしっとするのはよくないと思いました。○○さん
　が「北山は大切な友達だからそんなことするな」と書いていて、「大切な友達」が
　いいなと思いました。
● 友達のいろいろなことを知って、仲よくなることも大切だなと思いました。
● ○○さんの考えに共感し、自分の考えをもつことができた。

4

グループ（ペア）の「動き」で学ぶ

グループ（ペア）の「動き」を行う際のポイント

グループ（ペア）の「動き」

教材上に描かれている場面を2～3名の少人数で再現する「動き」。それぞれの配役を交代しながら再現することができるので、立場によって考え方が違うことを、より深く実感するために行う「動き」。

グループ（ペア）の「動き」のメリット

● 登場人物の考えの違いを実感しやすい。

● 児童同士の表情を確認しやすく、どうしてそのような行動・表情になったのかを気軽に交流しやすい。

グループ（ペア）の「動き」の目的は、

● 子どもたちの集団の力で、考えに気付き、発見すること

です。

　グループ（ペア）の「動き」は、2～3人の少人数で行う「動き」です。この「動き」の最大のメリットは、登場人物の考えの違いを実感しやすいことにあります。短いシナリオが用意できれば、与えられた時間内に配役を交代しながら、何度でも再現することが可能になります。

　また、少人数で行うため、児童同士の表情を確認しやすく、どうしてそのような行動や表情になったのかを気軽に交流しやすいというメリットもあります。その結果、広い視野から考えることができるようになります。

グループ（ペア）の「動き」

グループ（ペア）の「動き」のデメリット

●グループで意見が合わないときの対策が必要になる。

デメリットは、グループで意見が合わないときの対策が必要になるということです。3人以上になると読み取りに差が出てしまうことがあり、再現がちぐはぐになることも予想されます。授業者は「動き」を入れる必要性を事前に検討し、ある程度円滑にできる場面を設定することが必要です。

右図は、『よわむし太郎』（教育出版3年）における**グループ（ペア）の「動き」**です。太郎が殿様の前に立ちはだかり、「ダメ！」と言う場面を、グループの「動き」で再現し、太郎の思いを広い視野から実感していきます。一言「ダメ！」と

殿様の前に立ちはだかる場面

表現するだけの「動き」ですが、音の感じ、体全体から発する雰囲気などから、自分ならどうするかを真剣に考え、ねらいとする道徳的価値そのものに向き合います。

過去の実践では、「それでも、殿様か！」と、国を治める殿様としての責任、正しい行動についてなど、広い視野から考えを深めた意見が表現されていました。

3年生

まどガラスと魚

出典

「新・みんなのどうとく3」［学研］

「動き」	教師代替	代表児童	その場	グループ	全員参加
教材情景の再現			○	○	
音の再現					
登場人物の思いを再現			○	○	
児童の自覚を再現			○	○	

主題とねらい

主題名 かくさず正直に

ねらい 近所のお姉さんの姿を見て変化する主人公の思いを通して、正直に明るい心で元気に生活しようとする意欲を育む。

教材の特質

（1）教材の概要

　光一と洋介は誤って窓ガラスを割ってしまうが、その場から走り、逃げてしまう。

　数日後、飼い猫が魚をとってしまったことを詫びるために、近所のお姉さんが来る。その姿を見た光一は、お母さんに事実を告げ、お詫びに行く。おじいさんは、窓ガラスの代金を受け取らず、光一たちにボールを返してくれる。

（2）教材の読み

● 自己の考えを深める人物 … 光一

● 考えを深めるきっかけ　… お詫びをする近所のお姉さんの姿

● 考えを深める場面　　　… お詫びをする近所のお姉さんの姿を見る場面

（3）ねらいに迫るために

 ここに注目！ 一軒一軒回って聞く近所のお姉さんの様子を見た後から翌日までの時間

　飼い猫がしたことであっても、このお姉さんは一軒一軒回って聞き、お詫びをする。一方の光一は、自分が割ってしまったにもかかわらず、逃げ、正直に本当のことを言えない。本当に光一がお姉さんの様子を見て後悔、反省し、本当のことを言おうと思うのなら、翌日になってから母親に告げるようなことはしない。この間に光一は何を考え、何を思ったのかに迫ることで、子どもたちは考えを深めていく。そこで、お姉さんが帰った後の光一の様子に焦点を当て、場面再現の「動き」を通してねらいに迫っていく。

「動き」のPOINT

1．道徳的諸価値に基づく前理解を表出する「動き」
　お姉さんが謝罪する場面を、**グループの「動き」**で再現し、お姉さんと光一のそれぞれの思いをつかむきっかけとする。
2．道徳的価値に向き合い、自己を見つめる「動き」
　お姉さんが帰った後の時間を過ごす場面を新たに設け、**その場での「動き」**で再現し、光一の思いを深くつかむきっかけとする。
3．対話・交流し、多面的・多角的に考える「動き」
　お姉さんが帰った後の時間を過ごす光一の心の中のつぶやきをホワイトボードに書き、マグネットによって対話、交流する。そして、相互評価と自己評価を繰り返して、考えを深めていく。

STEP 1 動き
I 道徳的諸価値に基づく前理解を表出する「動き」 5分

お姉さんが謝罪する場面を、**グループの「動き」**で再現し、お姉さんと光一のそれぞれの思いをつかむきっかけとする。

分担 お姉さん：児童1　光一：児童2　お母さん：児童3

「動き」のポイント

・お姉さんの様子、表情、声の抑揚

・光一の様子、表情

「動き」のシナリオ

○グループの「動き」

児童1：猫に魚をとられませんでしたか？

児童3：ええ、とられました。

児童1：本当に申し訳ありません。うちの猫がとったのです。分かってよかったわ。

児童2：（2人の会話を黙って聞く）

近所のお姉さんとお母さんの会話を黙って聞く光一を演じる児童

発問

お姉さんが悪いことをしたわけではありません。猫がしたことです。言わなければ、誰にも分かりません。でも、お姉さんは一軒一軒まわり、お詫びをします。お姉さんが大切にしている考えは、何だと思いますか。

人に迷惑をかけたことが分かったら、家族の誰であっても一緒にお詫びをすること。

正直に行動すること。

STEP 2 動き I 道徳的価値に向き合い、自己を見つめる「動き」

 20分

お姉さんが帰った後の時間を過ごす場面を新たに設け、**その場での「動き」**で再現し、光一の思いを深くつかむきっかけとする。

分担 光一：児童1

「動き」のポイント

・部屋の中で1人物思いにふける光一を想像する

・光一の様子、表情

「動き」のシナリオ

○その場での「動き」

児童1：（無言で、光一を演じる）

＊椅子に座ってもよし、部屋を歩き回るもよし、ベッドに寝転ぶもよしとし、自由に演じる

近所のお姉さんが帰った後の時間を過ごす光一を演じる児童

 このとき、光一はどんな表情をしていたと思いますか？

発問

 ぼーとしている。

 何も考えられない。

 「困ったなあ」という顔をしている。

STEP **ホワイトボードとマグネットを活用した対話・交流の「動き」** 🕐 15分

 発問

近所のお姉さんが帰った後、光一は心の中でどんな言葉をつぶやいていたと思いますか？

予想される児童の反応

正直に話したほうがいいのかな？ ⚪⚪

自分はお姉さんのように言えるだろうか。 ⚪⚪

お姉さんに比べて、自分はかっこ悪いな。

正直に謝って、すっきりしたい。 ⚫⚫

明日、正直に謝ろう。

お姉さんのように、正直に生きよう。

授業の振り返り 感想 **感じたことを自由に記入する。**

対話の中で心の残った言葉を選び、その人の名前と選んだ理由を書く。

＊自分の言葉を選択してもよいこととする。

「動きⅡ」：ホワイトボードとマグネットを活用した対話・交流の「動き」のポイント

1　教材の特質に応じて、できるだけ多くのホワイトボードを取り上げましょう。
2　マグネットが置かれたものを取り上げることで、児童による「問い」が生まれやすい環境が整います。
3　自然な流れで考えを深めるために、4〜5枚のホワイトボードを選択し、その順序を決めておくことが大切です（児童と一緒に教師も相互評価に参加し、そのときに選択します）。

相互評価の確認

　「正直に話したほうがいいのかな？」。緑を置いた人は、どんなことがいいなあと思いましたか？
　　●自分も悩むなあと思ったところ。
　「自分はお姉さんのように言えるだろうか」。緑を置いた人は、どんなことがいいなあと思いましたか？
　　●自分はお姉さんのようにはとても言えないと思うから。

　青を置いた人は、どんなことを聞いてみたいのですか？
　　●「すっきりしたい」。どんなことをすっきりしたいのか聞いてみたい。

補助発問 1

　このとき、光一はどんな表情をしていたと思いますか？
　　●すごく困った顔。　　　　　　　　　●悩んでいる顔。
　　●よし！　正直になろうという顔。
　　●正直に謝ろうという決意をした顔。

補助発問 2

　この思いは、おじさんに伝わったと思いますか？
　　●伝わったと思う。
　　●ボールも返してくれた。

● 　緑のマグネット ➡ 共感できる意見
● 　青のマグネット ➡ もう少し考えを聞いてみたい意見

取り上げたポイント

どうしよう…。
あやまろうかな…。
でも、おこられそう。

⬤ ⬤ ⬤

「怒られること」への不安は誰にでもあるので、取り上げた。

■緑を置いた人はどこがよかったの？
■みんなは、どうですか？

■どうして、モヤモヤするの？
■お姉さんが来なかったらモヤモヤしなかった？

・謝りに行ったほうがいいのは分かっているけど、すごく悩んでいる。
・「ん～～～～！」って感じ。
・モヤモヤしてる！
・お姉さんが謝りに来たから。
・モヤモヤしてるけどお姉さんが来て、よりモヤモヤが大きくなった。
・自分がダメって思いが強くなった。

取り上げたポイント

どうしようかな？
明日あやまろうかな。
しょうじきにいこうかな。
あのとき、いけばよかった。

ねらいとする正直に生きることを考える入り口として取り上げた。

■Aさん、もう少し詳しく説明してください。

■でも、行くんですよね。

・すぐに謝りに行けばよかったと後悔している。
・怒られるかもしれないけどそのときで終わる。
・後悔が「モヤモヤ」なんじゃない？
・これからはモヤモヤしたくないからすぐ行くと思う。
・怒られるよりもモヤモヤが嫌だ。

児童の感想

⬤やっちゃったことは取り消せないし、謝らなかったらずっとモヤモヤする。怒られるのが怖いのは分かるけど、ちゃんと謝らなきゃダメ！
⬤おじいさんはお手本みたい！現実みたいな話だから、自分も間違えてダメなことをしちゃったら、すぐに謝ろうと思った。

ネットを活用した対話・交流の「動き」

> はぁ、ぼくに言えるか
> なぁ。
> あやまってもゆるして
> もらえるかなぁ。
> おこられないかなぁ。

児童の反応
取り上げたポイント

「ぼくに言えるかな」に対する質問として青が置かれたので、確認するために取り上げた。

■Bさん、どんなことを聞いてみたいのですか。

■Cさん、説明してください。

■みんなはどうですか。

■このとき、どんな表情をしていると思いますか。

・「ぼくに言えるかな」って、どんなことを言っているのかと思って。
・上手に謝れるか分からない、何て言ったらいいのか分からないから、この言葉になった。
・普通に正直に言えばいいと思う。
・言い訳はしないほうがいい。
・すごく困った顔をしている。
・でも謝ろうと思ったら、いい表情になると思う。

児童の反応
取り上げたポイント

> あのときあやまっておけばよ
> かった。(後悔・責任)にげる
> なんてひきょうなことしなけ
> ればよかった。どうしよう…
> でもこわいけどお姉さんみた
> いにあやまれる正直な人にな
> りたいな。

熟考し、遅れて出した児童の意見であったが、「いい!」「すごくいい!!」という意見が出たので、取り上げた。

■どんなところがいいと思ったのですか。

■ところでおじいさんには伝わったかな?

・「お姉さんみたいにしっかり謝れる正直な人になりたいな」というところです。
・賛成!一緒です!(ほとんどの児童が同意)
・伝わった!
・おじいさんは最初から正直に来てくれれば、それでいいと思っていたと思う。

・やっぱ正直に言ったほうがいいんだなぁって思いました。いけないことをやってしまったときは、やってしまったときに言ったほうがスッキリしたし、「ぼく」も3日後なのに言えてすごいと思いました。
・わったときにすぐに謝りに行ったら一番よかったけど、お姉さんを見てすごいな～ってなった。お姉さんの勇気もすごいし、それで行く光一もすごいと思った。

127

4年生

雨のバスていりゅうじょで

出 典
「新しいどうとく４」［東京書籍］

「動き」	教師代替	代表児童	その場	グループ	全員参加
教材情景の再現	○			○	
音の再現					
登場人物の思いを再現	○			○	
児童の自覚を再現				○	

主題とねらい

主題名 誰もが気持ちよく生活するために

ねらい よし子の行動や気持ちの変化を通して、社会の決まりが必要な理由を考え、進んで守ろうとする態度を育む。

教材の特質

（1）教材の概要

　たばこ屋の軒下で雨宿りをしながら、よし子はバスを待っていた。遠くにバスが見え始めたとき、よし子はバス停の先頭に並ぶ。バスが止まったとき、物凄い力でお母さんに引かれ、並んでいたところまで連れ戻される。よし子はバスに乗ると、もう席は空いていない。お母さんは黙ったまま、窓の外をじっと見ている。よし子は、自分のしたことを考え始める。

（2）教材の読み

- 自己の考えを深める人物 … よし子
- 考えを深めるきっかけ　… バスの中でのお母さんの様子
- 考えを深める場面　　　… バスの中のお母さんの様子を見る場面

（3）ねらいに迫るために

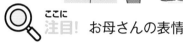

ここに
注目！　お母さんの表情

　お母さんの思いや考えを理解できないよし子。本文からはよし子の不安は伝わってくるが、お母さんの心情は叙述されておらず、読み手の想像に頼ることになる。お母さんは怒っているのか、呆れているのか、分かってほしいと思っているのか、ここに答えはない。
　そこで、これらを考えるために一度お母さんになり切り、どんな表情、目をしているかを想像することに焦点を当て、場面再現の「動き」を通してねらいに迫っていく。

「動き」のPOINT

１．道徳的諸価値に基づく前理解を表出する「動き」
　バス停でお母さんがよし子の肩を強く引き、自分が並んでいた場所に連れ戻す場面を、**教師代替の「動き」**で再現し、お母さんの思いをつかむ「呼び水」とする。
２．道徳的価値に向き合い、自己を見つめる「動き」
　バスに乗った後、よし子がお母さんの顔を見る場面を、**グループの「動き」**で再現し、お母さんの思いを深くつかむきっかけとする。
３．対話・交流し、多面的・多角的に考える「動き」
　バスのつり革につかまり、窓の外を見ているお母さんは、心の中でどんなことをつぶやいていたかを、ホワイトボードに書き、マグネットによって対話、交流する。そして、相互評価と自己評価を繰り返して、考えを深めていく。

STEP 1 動きⅠ 道徳的諸価値に基づく前理解を表出する「動き」 10分

バス停でお母さんがよし子の肩を強く引き、自分が並んでいた場所に連れ戻す場面を、**教師代替の「動き」**で再現し、お母さんの思いをつかむ「呼び水」とする。

分担 よし子：教師1　お母さん：教師2
「動き」のポイント 2人の様子

「動き」のシナリオ
○教師代替の「動き」

教師1：（バス停に向かって駆け
　　　　出し、列の先頭に並ぶ）
教師2：（よし子の肩を強く引き、
　　　　自分が並んでいたところ
　　　　に連れ戻す）
　　＊全て無言で行う。
　　＊教師が1人の場合は2役を演じる。

よし子とお母さんを演じる教師

 お母さんは、このとき心の中でどんな言葉をつぶやいていたと思いますか？

発問

 どうして順番を守らないの！

 何をしているの！

 お母さんは、怒っているのですか？

発問

 よし子が並ばずに一番先頭に行ったことに怒っている。

 他の人のことを考えずに行動したことを悲しんでいる。

STEP 2 動き Ⅰ

道徳的価値に向き合い、自己を見つめる「動き」

 15分

バスに乗った後、よし子がお母さんの顔を見る場面を、**グループの「動き」**で再現し、お母さんの思いを深くつかむきっかけとする。

分担 よし子：児童1　お母さん：児童2

「動き」のポイント 2人の様子

「動き」のシナリオ

○グループの「動き」

児童2：（窓の外を無言で眺め続
　　　　けるお母さんの様子を演
　　　　じる）

児童1：（そんなお母さんを見る
　　　　よし子の様子を演じる）

　＊全て無言で行う。

よし子とお母さんを演じる児童

 発問　お母さんは、どんな様子ですか？

 ずっと窓の外を見ている。

 わざとよし子を見ないようにしている。

 発問　お母さんは、怒っているのですか？

 怒っていると思う。

 悲しんでいるかもしれない。

 分からないなあ。

STEP 3 動きⅡ ホワイトボードとマグネットを活用した対話・交流の「動き」 15分

発問

バスのつり革につかまり、窓の外を見ているお母さんは、心の中でどんな言葉をつぶやいたと思いますか？

予想される児童の反応

> お母さん、
> 悲しいよ。

> 何のために決まりがあると思っているの。

> よし子はきっと何がダメだったか、自分で気付くはずよ。

> 自分のことばかり考えてはだめよ。

> 何も気が付かないの？

> よし子、しっかりして。

授業の振り返り 感想 感じたことを自由に記入する。

対話の中で心の残った言葉を選び、その人の名前と選んだ理由を書く。

＊自分の言葉を選択してもよいこととする。

「動きⅡ」：ホワイトボードとマグネットを活用した対話・交流の「動き」のポイント

1　教材の特質に応じて、できるだけ多くのホワイトボードを取り上げましょう。
2　マグネットが置かれたものを取り上げることで、児童による「問い」が生まれやすい環境が整います。
3　自然な流れで考えを深めるために、4〜5枚のホワイトボードを選択し、その順序を決めておくことが大切です（児童と一緒に教師も相互評価に参加し、そのときに選択します）。

相互評価の確認

　　緑を置いた人は、どんなことがいいなあと思いましたか？
　　●決まりというより、当たり前のことを考えてほしかったと思うから。

　　青を置いた人は、どんなことを聞いてみたいのですか？
　　●「悲しいよ」。どんなことが悲しいのか。

補助発問 1

　　どうして、お母さんはよし子に黙っていると思いますか？
　　●よし子自身に気が付いてほしいから。
　　●今話しても、よし子は理解できないと感じていたから。

補助発問 2

　　お母さんは、よし子にどんなことを気付いてほしいのですか？
　　●他者への気遣い。
　　●他者への礼儀。
　　●まわりを見る目。
　　●決まりのもつ意味。
　　●決まりの大切さ。

　●　緑のマグネット　➡　共感できる意見
　●　青のマグネット　➡　もう少し考えを聞いてみたい意見

「動きⅡ」：ホワイトボードとマグ

取り上げたポイント

> まわりの人のことを
> 考えなさい！

状況を見る目の大切さを確認するために取
り上げた。

- ■Aさん、もう少し詳しく説明して
  ください。
- ■緑を置いた人、どんなことに共感
  しましたか？
- ■みんなは、どうですか。

・決まりというより、常識というか、当たり前
　のことを考えてほしかったと思った。
・私も当たり前のことを、自分で考え、行動し
　てほしかったんだと思う。
・たくさんの人がバス停の近くにいたんだから、
　普通は気が付くと思う。
・ルールや決まりっていうより、常識かな。

取り上げたポイント

> なんで…。

お母さんの思いや考えを深く考えるために、
取り上げた。

- ■Bさん、感情を込めて、もう一度
  つぶやいてください。
- ■どうして、この言葉になったので
  すか。
- ■どんなことが悲しかったのです
  か。
- ■皆さんは、どうですか。

（「なんで」と、もう一度つぶやく）

・何か、悲しくなったんだと思う。

・よし子が、まわりのことに気が付かなかった
　こと。
・自分の子育ての仕方に。

●お母さんは、まわりの人のことを考えてほしかったと思います。私も、まわりの
　人のことも考え、行動したいです。
●お母さんにも何か考えていることがあって、自分をせめたりすることもあるのか
　なと思いました。
●「自分で学んで、おぼえること」を、お母さんは大切にしてほしいということを
　伝えたかったと思います。自分で判断できる、大人になってほしいと思って、き

ネットを活用した対話・交流の「動き」

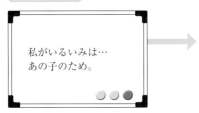

取り上げたポイント

お母さんの思いを、さらに深く考えるために取り上げた。

■Cさん、もう少し詳しく教えてください。

・悲しくはなったけど、これからどうやってよし子に教えていったらいいのか、考えたと思ったから。

■緑を置いた人、どんなところがいいと思いましたか。

・お母さんは、これからのことを考えていると思ったから。

・自分がしっかりしなければと、思ったと思うから。

■青を置いた人は、どんなことを聞いてみたいのですか。

・「いみは…」の「…」は、どうしてかなと思ったので、教えてほしい。何か、言葉にできないことがあるのかな。

■Cさん、お願いします。

・少し悲しい気持ちがあって、言葉にならないところがあったと思うから。

■お母さんが気付いてほしいことは何だと思いますか。

・やっぱり、世の中の常識かな。

■皆さんは、どうですか。
近くの人と意見交流をしてください。

（近くの人と意見交流をする）

■意見のある人はいますか。

・まわりを見る目。

・常識。

・常識的な決まりがあること。

びしくしたと思います。きびしくするほど、お母さんの思いがつまっていると思います。

●自分でしっかりと考え、それをまとめる力が大切だと思いました。また、その考えを表現する力も大切だと思いました。

5年生

うばわれた自由

出典
「新・みんなの道徳5」 [学研]

「動き」	教師代替	代表児童	その場	グループ	全員参加
教材情景の再現		○		○	
音の再現					
登場人物の思いを再現		○		○	
児童の自覚を再現		○		○	

主題とねらい

主題名 自由と責任

ねらい ジェラールの考えの変化を通して、自由のもつ意味を考え、自律的に判断し、責任のある行動をしようとする態度を育む。

教材の特質

(1) 教材の概要

　ジェラール王子は、国が決めた規則を守らず、ガリューの言葉にも耳を傾けず、ガリューを牢屋に入れてしまう。国の状況が変わり、ジェラール自身も捕らえられてしまう。牢屋で再開した2人であったが、ガリューが牢屋を出るとき、ジェラール王に「本当の自由を大切にして、一緒に生きてまいりましょう」と話す。

(2) 教材の読み

- 自己の考えを深める人物 … ジェラール
- 考えを深めるきっかけ 　… 牢屋でのガリューとの再会
- 考えを深める場面 　　… 牢屋で2人が会話する場面

ここに
注目! ジェラールの牢屋での様子

　牢屋でジェラール王に再会したガリューは、「本当の自由を大切にして、一緒に生きてまいりましょう」と、言葉をかける（この叙述は、他社にはない、学研独自の叙述である）。この言葉を受け、ジェラールは何を思い、何を感じたのかも叙述されていない。これから長く続く薄暗い牢屋での生活の中で、本当の意味での自由と責任について真摯に向き合う時間が始まる。

　そこで、ガリューと再会する場面から牢屋生活の時間軸の中でジェラールの気付きに焦点を当てるために場面再現の「動き」を取り入れ、ねらいに迫っていく。

「動き」のPOINT

1．道徳的諸価値に基づく前理解を表出する「動き」

　ガリューがジェラール王子をとがめる場面を**代表児童の「動き」**で再現し、ガリューの思いをつかむきっかけとする。

2．道徳的価値に向き合い、自己を見つめる「動き」

　ガリューとジェラールが牢屋で再会したときの場面を、**グループの「動き」**で再現し、ガリューの思いを深く考える。

3．対話・交流し、多面的・多角的に考える「動き」

　ガリューの言葉を通してジェラールが気付いたことは何かを、ホワイトボードに書き、マグネットによって対話、交流する。そして、相互評価と自己評価を繰り返して、考えを深めていく。

STEP 1 <small>動き I</small> 道徳的諸価値に基づく前理解を表出する「動き」 🕐 10分

ガリューがジェラール王子をとがめる場面を**代表児童の「動き」**で再現し、ガリューの思いをつかむきっかけとする。

分担　ガリュー：児童1　ジェラール王子：児童2

「動き」のポイント　2人の様子、表情、声の抑揚

「動き」のシナリオ

○代表児童の「動き」

児童2：あなたが言う自由とは、都合のいい、ただのわがままではありませんか。他の者が迷惑するだけです。

児童1：生意気！　王子に逆らう無礼なやつ。こいつをしばり上げろ！

ガリューとジェラールを演じる児童

発問　ガリューは、どんな表情をしていると思いますか？

 真剣な顔。　 怒った顔。　 情けない顔。

発問　ガリューは、何を伝えたかったのですか？

 国が決めた決まりを守ってほしいこと。

 自分が王子であること。

 自由は自分勝手ではないこと。

 自由には責任があること。

STEP 2 動き I 道徳的価値に向き合い、自己を
見つめる「動き」 10分

ガリューとジェラールが牢屋で再会したときの場面を、**グループの「動き」** で再現し、ガリューの思いを深く考える。

分担 ガリュー：児童1　ジェラール王：児童2
「動き」のポイント　2人の様子、表情、声の抑揚

「動き」のシナリオ

○グループの「動き」

児童2：森の番人よ。おろかだっ
た私を許してくれ。

児童1：ここをお出になったら、
私をお訪ねください。本
当の自由を大切にして、
一緒に生きてまいりま
しょう。

ガリューとジェラールを演じる児童

 ガリューは、どんな表情をしていると思いますか？

 落ち着いた顔を
している。

 真剣な顔をしている。

発問

 ガリューは、何を伝えたかったのですか？

 本当の自由について、一緒に語り合いたいという思いを伝
えたかった。

発問

 ジェラールにやり直してほしいということを伝えたかった。

STEP 3 動き Ⅱ ホワイトボードとマグネットを 活用した対話・交流の「動き」

 20分

発問

> ガリューの言葉を通して、ジェラールが気付いたことは何だと思いますか？

予想される児童の反応

自分勝手に生きて
はいけない。

国民にあやまらな
ければならない。

守るべきことを
守って自由な
ことをすべきだ。

王として国民の
ためになる自由を
考えるべきだった。

自由とは、自分
勝手にすること
ではない。

ガリューともう
一度やり直したい
と思った。

授業の振り返り **感想** 感じたことを自由に記入する。

対話の中で心の残った言葉を選び、その人の名前と選んだ理由を書く。

＊自分の言葉を選択してもよいこととする。

140

相互評価の確認

　　「自分勝手に生きてはいけない」。緑を置いた人は、どこに共感したの？
　　　●やっぱり自分勝手はよくないと思うから。
　　「守るべきことを守って自由なことをすべきだ」。緑を置いた人はどこに共感しましたか？
　　　●やっぱり責任はあると思うから。無責任はだめだと思うので。

　　「国民にあやまらなければならない」。青を置いた人は、どんなことを聞きたいですか？
　　　●どんなことを謝りたいのか。
　　「もう一度やり直したい」。青を置いた人は、どんなことを聞きたいですか？
　　　●どんなことをやり直したいのか。

補助発問 1

　　ガリューの言葉を聞いたとき、ジェラール王は心の中でどんな言葉をつぶやいたと思いますか？
　　　●ガリューの言う本当の自由って、何だろう。
　　　●私は、もう一度自分を見つめ直す必要がある。

補助発問 2

　　森の番人として、ガリューが大切にしていた考えは何だと思いますか？
　　　●森の番人としての役割を果たすこと。
　　　●森の安全を守ること。
　　　●自分勝手な考えを押し付けられても、考えを曲げないこと。

　●　緑のマグネット ➡ 共感できる意見
　●　青のマグネット ➡ もう少し考えを聞いてみたい意見

授業者の動き

ガリューともう一度
やり直したいと
思った。

■Aさん、もう少し詳しく教えてく
　ださい。

■青を置いた人は、どんなことを聞
　いてみたいのですか。
■Aさん、どうですか。
■では、皆さん、牢屋を出て、1人
　の国民になったジェラールがやり
　直したいと思うことは？

自分勝手に生きては
いけない。

■Bさん、もう少し詳しく教えてく
　ださい。
■緑を置いた人は、どこに共感しま
　したか。

■自由とわがままの違いを教えてく
　ださい。

児童の反応

取り上げたポイント

やり直したいことを明確にすることで、決
まりを守ることの意味を確認するために取
り上げた。

・ガリューみたいに、そばに叱ってくれる人が
　いれば、牢屋に入らないで済んだと思う。や
　り直したいって、思ったんじゃないかな。
・王様なら、自分で気付かないとだめじゃない
　の。
・それは、その通りだと思う。
・国が決めた決まりは守ること。
・みんなと仲よく暮らすこと。
・人の言葉、注意されてもしっかりと聞くこと。

取り上げたポイント

自由と自分勝手の違いを明確にするために
取り上げた。

・国は王様だけのものではない。

・やっぱり自分勝手はよくないと思った。
・私も、「決まりを守った中での自由」を楽し
　んでほしかったと思った。
・自分だけが楽しむのが自分勝手で、みんなが
　決まりを守りながら暮らすことができるのが
　本当の自由。

児童の感想

●みんなが嫌がるようなことは、たとえ自由でもやってはいけないと思います。だ
　からと言って、全部に決まりをつくるのも違います。自分で考えてから行動でき
　たら、そんな決まりはいらないし、いちいちつくっていたら、大変なことになっ
　てしまうと思います。

ネットを活用した対話・交流の「動き」

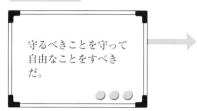

守るべきことを守って
自由なことをすべき
だ。

自由に伴う責任とは何かを深く考えるため
に取り上げた。

■Cさん、もう少し詳しく教えてく
　ださい。
■緑を置いた人は、どんなところに
　共感したのですか。
■Dさん、もう少し詳しく教えてく
　ださい。
■皆さんは、どう思いますか。

・誰にでも、自由に生きる権利はあるけど、人
　に迷惑をかける自由はおかしいと思う。
・やっぱり、責任はあると思う。

・勝手なことをして、人に迷惑をかけて、責任
　をとらないなんて、おかしいと思う。
・みんなが許してくれる範囲っていうか、それ
　が決まりになっている…、そんな感じの中で
　自由に行動することが大切だと思う。
・みんなが幸せに暮らせることが、自由の基本
　だと思う。
・自分勝手は、無責任だと思う。

■Fさん、もう少し詳しく教えてく
　ださい。

・王様、1人の国じゃないです。みんなが平等
　で、自分だけではなくて、みんな同じ人間だ
　から、平等というのが本当の自由につながる
　と思う。

■Fさんから「平等」という言葉が
　ありました。皆さん、自由に「平
　等」という考えは必要ですか。

・一人一人が同じ人間だから、平等な自由があ
　ると思う。王子だけが偉いから、決まりを
　破っていいわけじゃなくて、みんな1人の人
　間だから、一人一人の自由がある。
・「みんなが平等な権利」をもち、幸せに暮ら
　すことが本当の自由につながると思うから、
　「平等」という言葉は絶対に必要だと思う。

●私は、本当の自由とは、まわりの人も納得して、みんなが笑顔でいられること、ルー
　ルの中で好きなことを好きなようにできることだと思いました。ルールや決まり
　は人を制限しているけど、別の方向で考えてみると、ルールや決まりはみんなが
　楽しく安全に暮らすためのものだから、当たり前のことだと思いました。

6年生

おばあちゃんの指定席

出典
「小学生の道徳6　みんなで考え、話し合う」 [廣済堂あかつき]

「動き」	教師代替	代表児童	その場	グループ	全員参加
教材情景の再現				○	
音の再現					
登場人物の思いを再現				○	
児童の自覚を再現				○	

主題とねらい

主題名 やさしい心

ねらい ゆうこの思いを通して、支え合って生きることの素晴らしさを感じ、思いやりの心をもって人と接しようとする心情を育む。

教材の特質

（1）教材の概要

　途中から電車に乗ってくるおばあさんのために、ゆうこは席を確保しようとする。ある日、いつもと同じように確保しようとするが、足を怪我した男の人に気付き、席を譲ってしまう。おばあさんが乗ってきたときに、小さな声で、「おばあちゃん、ごめんなさい。今日は、席がないの」と伝えると、おばあさんは笑顔で大きくうなずく。

（2）教材の読み

● 自己の考えを深める人物 … ゆうこ
● 考えを深めるきっかけ　… ゆうこが足の悪い男性に気付く
● 考えを深める場面　　　… ゆうこが足の悪い男性に席を譲る場面

🔍 ここに
注目！ ゆうこの表情、目

　おばあさんのために席を確保して喜ぶ顔を見たいという思い。足を怪我している目の前の男の人に席を譲って楽をしてもらいたいという思い。この葛藤に、ゆうこの心が揺れる。そして、おばあさんが乗車し、席を男の人に譲ったことを小さな声で伝える。このときの様子が、ゆうこの他者を思いやる気持ちが込もっている場面である。そこで、これらの場面でのゆうこの表情や目の様子を想像することに焦点を当て、場面再現の「動き」を通してねらいに迫っていく。

「動き」のPOINT

１．道徳的諸価値に基づく前理解を表出する「動き」

　足を怪我した男の人に気付き、その人に席を譲ってしまう場面を、**グループの「動き」**で再現し、ゆうこの思いをつかむきっかけとする。

２．道徳的価値に向き合い、自己を見つめる「動き」

　おばあさんが乗車し、席を男の人に譲ったことを小さな声で伝える場面を、**グループの「動き」**で再現し、ゆうこの思いを深く考えていく。

３．対話・交流し、多面的・多角的に考える「動き」

　おばあさんに小さな声で伝えた後、ゆうこは心の中でどんな言葉をつぶやいたかをホワイトボードに書き、マグネットによって対話、交流する。そして、相互評価と自己評価を繰り返して、考えを深めていく。

STEP 1 動きⅠ 道徳的諸価値に基づく前理解を表出する「動き」

 10分

足を怪我した男の人に気付き、その人に席を譲ってしまう場面を、**グループの「動き」で再現し、ゆうこの思いをつかむきっかけとする。**

分担 ゆうこ：児童1　男性：児童2

「動き」のポイント 席を譲ろうとするときと、席を譲った後のゆうこの様子、表情、声の抑揚

「動き」のシナリオ

○グループの「動き」

　児童2：（足を怪我している男性が乗車してくる）

　児童1：（その様子に気付くゆうこ）

　児童1：おじさん、座ってください。

　児童2：申し訳ないね、どうもありがとう。

　児童1：（そのままじっと立つ）

怪我をしている男の人に席を譲るゆうこを演じる児童

 ゆうこがそのままじっと立っているとき、心の中でどんな言葉をつぶやいていたと思いますか。

発問

 これでいいんだ。

 おばあさんに何て言おう。

 困ったなあ、どうしよう。

 おばあさんはきっと分かってくれるはずだ。

STEP 2 動き I 道徳的価値に向き合い、自己を見つめる「動き」

 10分

おばあさんが乗車し、席を男の人に譲ったことを小さな声で伝える場面を、**グループの「動き」**で再現し、ゆうこの思いを深く考えていく。

分担 ゆうこ：児童1　おばあさん：児童2

「動き」のポイント おばあさんに伝えるときのゆうこの様子、表情、言葉の抑揚

「動き」のシナリオ

○グループの「動き」

児童1：おばあちゃん、ごめんなさい…。

児童2：（大きくうなずく）

おばあさんに伝えるときのゆうこを演じる児童

 ゆうこさんは、どんな様子ですか？

発問

 ごめんねっていう顔をしている。

 すごく困った顔をしている。

 下を向いたままでいる。

 泣いている。

 体を震わせている。

STEP 3 ホワイトボードとマグネットを活用した対話・交流の「動き」

⏱ 20分

発問

おばあさんに小さな声で伝えた後、ゆうこさんは心の中でどんな言葉をつぶやいたと思いますか?

予想される児童の反応

> おばあちゃん、
> ごめんなさい。

> 私、どうすれば
> よかったのかな
> …。

> どうしても席を
> 譲らないとだめ
> だと思ったの…。

> 困っている人、
> 放っておくことが
> できなかったの。

> これからも困って
> いる人を助けて
> いきたいの。

> 今度は席を必ず
> 用意するからね。

 授業の振り返り 感想 感じたことを自由に記入する。

対話の中で心の残った言葉を選び、その人の名前と選んだ理由を書く。

＊自分の言葉を選択してもよいこととする。

相互評価の確認

　　「おばあちゃん、ごめんなさい」。緑を置いた人は、どこに共感したの？
　　　　●自分もそう言うと思うから。

　　「どうすればよかったのかな…」。青を置いた人は、どんなことを聞きたいのですか？
　　　　●私は、約束に無理があったと思うから、どうしてそう思ったのかを聞きたいと思いました。

補助発問 1

　　おばあさんは、どんな様子だと思いますか？
　　　　●笑っている。　　　　　　　　　●ニコニコしている。
　　　　●ゆうこをじっと見つめている。　●ゆうこの頭を撫でている。

補助発問 2

　　このとき、おばあさんは心の中でどんな言葉をつぶやいていると思いますか？
　　　　●怒ってなんていないよ。　　　　●もう泣かなくていいよ。
　　　　●ゆうこは本当にやさしい子だね。●もう席を用意しなくていいよ。

　　どうして、そう思うのですか？
　　　　●ゆうこを安心させたいから。
　　　　●ゆうこのやさしさが、よく分かったから。
　　　　●男性にも心配させたくなかったから。

　　●　緑のマグネット　➡　共感できる意見
　　●　青のマグネット　➡　もう少し考えを聞いてみたい意見

授業者の動き

おばあちゃん、
おこっていないかな？
本当によかったのかな。

■Aさん、説明してください。

■みんなも、不安を感じましたか？

本当にごめんなさい。

■Bさん、この言葉を、感情を込め
　て表現してください。
■Bさん、どうしてそのような感じ
　で表現したのですか。詳しく教え
　てください。
■緑を置いた人は、どんなところに
　共感したのですか。

児童の反応
取り上げたポイント

不安を感じているという児童の意見が多
かったので取り上げた。

・約束していたのに席を譲ってしまった。おば
　あちゃんも歳をとっていて大変そうだし、こ
　れでよかったのか不安になったと思う。
・自分が「おばあちゃんの指定席だから」と
　言ってしまったのに、約束を破ってしまった。
　だから、怒られるかなと感じたと思う。
・約束したのは自分だから。
・おばあちゃんとの約束を自分からしたのに、
　自分で約束を破ってしまったから。

取り上げたポイント

「ごめんなさい」も、とても多い意見だった
ので、取り上げた。

（感情を込めて、表現する）

・おばあちゃんとの約束を破ってしまったから。
　本当に申し訳ないと感じたから。

・自分も「ごめんなさい」と言うと思うから。
・理由があって席を譲ったけど、おばあちゃん
　が悲しむかもしれないと、私も思ったから。

児童の感想

●ゆうこは、約束を守りたかった。おばあちゃんは、別に気にしていなかったと思う。
　私は、２人の気持ちはやさしいと思いました。今日はやさしさについて考え、こ
　れからは２人みたいなやさしい人になりたいなと思いました。

ネットを活用した対話・交流の「動き」

授業者の動き

児童の反応
取り上げたポイント

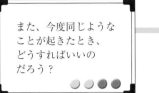

また、今度同じような
ことが起きたとき、
どうすればいいの
だろう？

今後のことへの不安に関する意見が多かっ
たので、取り上げた。

■緑を置いた人は、どんなところに
　共感したのですか。
■青を置いた人は、どんなことを聞
　きたいですか。
■みんなは、どうですか？

・私も悩むと思ったから。
・私も。
・そもそもこの約束に無理があったんじゃない
　かなと思って。
・おばあちゃんを喜ばせたいと思って出た言葉。
　普通の約束という感じではないと思う。

取り上げたポイント

これでよかったんだ
よね。

目の前の困っている人を助けたいと思った
ことは間違ったことではないことを、確認
するために取り上げた。

■Cさん、説明してください。

■緑を置いた人は、どんなところに
　共感したのですか。
■おばあちゃんはゆうこさんを見
　て、心の中で何て言ったと思いま
　すか？
■このときのおばあちゃんは、どん
　な顔をしているかな？

・自分は正しいと思うことをしたと思うけど、
　おばあちゃんに席を譲れなかったから、この
　言葉になるのかなと思いました。
・おばあちゃんはきっと分かってくれると感じ
　たから、この言葉になると思う。
・もちろん、それでよかったんだよ。
・ゆうこちゃんは、正しいことをしたんだよ！
・それが一番！
・笑っている顔。　　　・喜んでいる顔。
・うれしそうな顔。

●やさしさは、特定の人だけに手助けをせず、すべての人に公平に手助けをするも
　のだと思いました。これからはまわりの人のことを思う「他者意識」という言葉
　を目標にしていきたいと思います。
●親切はとても大切なことだけど、どの場面で、どう使うかで、いろいろなことが
　変わることがあることを、改めて考えることができた。

5

全員参加の「動き」で学ぶ

全員参加の「動き」を行う際のポイント

全員参加の「動き」

　教材上に描かれている場面を学級全員で再現し、一体感をもって考える場合に活用する「動き」。

> **全員参加の「動き」のメリット**
> ●教材上の場に自分がいるかのような臨場感を実感できる。

　全員参加の「動き」の目的は、

　●**学級全員の力で考えに気付き、発見すること**
です。

　全員参加の「動き」は、文字通り学級全員で行う「動き」です。この「動き」の最大のメリットは、教材上の場に自分がいるかのような臨場感を実感できることにあります。特に、学級全員による拍手、会場からわき起こる歓声などの「音」を再現することができる教材では、威力を発揮します。そのため、情景を教師側が言語で詳細に説明する必要がなくなり、児童にとって教材解釈が容易になります。結果、深く自我関与できるようになるのです。

　私たちは全国各地で師範授業を行いますが、ここぞというときにはこの全員参加の「動き」を取り入れます。それは、児童だけでなく、授業会場に参加した先生たちも参加の機会を設けることができ、授業会場が一体となってねらいとする道徳的価値に向き合うことができるようになるからです。

全員参加の「動き」

　デメリットは、全員参加を可能とする教材が、とても少ないことです。今回の小学校版発刊に当たり、「音」を共有できる教材を全教科書で確認しましたが、残念なことにとても少ないというのが実態です。

　右下図は、『バスと赤ちゃん』（廣済堂あかつき5年）における全員参加の「動き」です。筆者である中野さんにとって16年間忘れ得ぬ思い出となった、バスの乗客全員の拍手が起こった場面を、**全員参加の「動き」**で再現し、見知らぬ者であっても心が通い合うことを実感するために行います。

　全員で拍手するだけの「動き」ですが、教室全体に広がる音の感じから、筆者である中野さんが感じた感動を実感することができます。過去の実践では、拍手から感じる温かさから、

「バスと赤ちゃん」の全員拍手の場面

社会の連帯、さらに世界の平和まで発想が広がった意見が多数表現されていました。

5年生

バスと赤ちゃん

出典
「小学生の道徳6　みんなで考え、話し合う」［廣済堂あかつき］

「動き」	教師代替	代表児童	その場	グループ	全員参加
教材情景の再現					○
音の再現					○
登場人物の思いを再現					○
児童の自覚を再現					○

主題とねらい

主題名 思いやりの温かさ

ねらい バスの乗客全員の拍手が起きた出来事を通して、互いを思いやる心の素晴らしさに気付き、誰に対しても親切にする思いやりの心を大切にしようとする心情を育む。

教材の特質

（1）教材の概要

　バスの中で泣き出した赤ちゃんを抱いたお母さんが、バスを降りようとする。降りようとするお母さんに運転手が声をかけると、1人の拍手からバスの乗客全員の拍手が生まれる。このバスに乗車していた筆者である中野さんは、16年間忘れ得ぬ思い出となった。

（2）教材の読み

- ● 自己の考えを深める人物 … バスの乗客
- ● 考えを深めるきっかけ　… 運転手の言葉と1人目の拍手
- ● 考えを深める場面　　　… バスの乗客全員の拍手が起きた場面

（3）ねらいに迫るために

ここに
注目! バスの乗客全員による拍手の音

　運転手の言葉に対し、1人目の拍手が起こり、拍手がバス全体に広がる。困っているお母さんを助けたいという一人一人の思いが、1人目の拍手によって表出し、広がっていく。この拍手の音の広がりは、乗客全員に感動を与え、このような社会をつくっていきたいという気持ちの高まりにつながっていく。

　そこで、感動の拍手の場面を全員参加の「動き」で共有し、拍手のもつ意味、そこに込められた思いを探ることから、ねらいに迫っていく。

「動き」のPOINT

1．道徳的諸価値に基づく前理解を表出する「動き」

　お母さんがバスから降りようとする場面を、**全員参加の「動き」**で再現し、拍手のもつ意味や温かさを実感する。

2．道徳的価値に向き合い、自己を見つめる「動き」

　拍手までの間を長く取った場面を新たに設け、**全員参加の「動き」**で再現し、拍手のもつ意味を深く考えていく。

3．対話・交流し、多面的・多角的に考える「動き」

　このバスのような温かな場所にするために、大切だと感じたことをホワイトボードに書き、マグネットによって対話、交流する。そして、相互評価と自己評価を繰り返し、考えを深めていく。

STEP 1 　動きⅠ 　道徳的諸価値に基づく前理解を表出する「動き」

 10分

お母さんがバスから降りようとする場面を、**全員参加の「動き」**で再現し、拍手のもつ意味や温かさを実感する。

　分担　運転手：教師　　お母さん：代表児童1
1人目の拍手の乗客：代表児童2
乗客：その他の児童全員
　「動き」のポイント　・拍手の音、音量　　・拍手をしているときの雰囲気、表情
・お母さんの申し訳なさそうな声　　・数秒の間の後の拍手（2秒後）

　「動き」のシナリオ
○全員参加の「動き」
　　教　　　　師：目的地はここですか？
　　代表児童1：新宿までなのですが、子どもが泣くのでここで降ります。
　　教　　　　師：新宿までは大変です。どうか、皆さん、一緒に乗っていってください。
　　1人目の拍手の乗客：（**2秒後に拍手**）
　　他の乗客　　：（全員の拍手）

 　発問

全員による拍手を聞くと、どんな感じがしますか？

 感動する。

 温かい感じがする。

 とてもいい感じがする。

 うれしい。

 このバスの乗客でよかったなと感じる。

STEP 2 ⓘ動き **道徳的価値に向き合い、自己を見つめる「動き」** 10分

拍手までの間を長く取った場面を新たに設け、**全員参加の「動き」**で再現し、拍手のもつ意味を深く考えていく。

分担 運転手：教師　　お母さん：代表児童1
1人目の拍手の乗客：代表児童2
乗客：その他の児童全員

「動き」のポイント ・拍手の音、音量　　・拍手をしているときの雰囲気、表情
・お母さんの申し訳なさそうな声　　・数秒の間の後の拍手（9秒後）

「動き」のシナリオ

○全員参加の「動き」

　教　　　師：目的地はここですか？

　代表児童1：新宿までなのですが、子どもが泣くのでここで降ります。

　教　　　師：新宿までは大変です。どうか、皆さん、一緒に乗っていってください。

　1人目の拍手の乗客：（**9秒後に拍手**）

　他の乗客　：（全員の拍手）

拍手がない間、どんな感じがしましたか？
 なんか不安になる。　 誰か、なんか言って！
発問

お母さん役に聞きます。拍手がなかったとき、どんな気持ちになりましたか？
 降りたほうがいいのかなと思った。　 やっぱり迷惑をかけていたんだと思った。
発問

STEP 3 動きⅡ ホワイトボードとマグネットを
活用した対話・交流の「動き」

 20分

発問

このバスの乗客の1人である皆さんに聞きます。このバスのような温かな場所にするために、大切なことは何だと思いますか？

予想される児童の反応

少しの勇気。	その人のことを分かってあげること。
困っている人を助けようとする気持ち。	理解と協力。
人に対するやさしさ。	勇気とやさしさ。

授業の振り返り 感想 感じたことを自由に記入する。

対話の中で心の残った言葉を選び、その人の名前と選んだ理由を書く。

＊自分の言葉を選択してもよいこととする。

> 「動きⅡ」：ホワイトボードとマグネットを活用した対話・交流の「動き」のポイント
> 1　教材の特質に応じて、できるだけ多くのホワイトボードを取り上げましょう。
> 2　マグネットが置かれたものを取り上げることで、児童による「問い」が生まれやすい環境が整います。
> 3　自然な流れで考えを深めるために、4〜5枚のホワイトボードを選択し、その順序を決めておくことが大切です（児童と一緒に教師も相互評価に参加し、そのときに選択します）。

相互評価の確認

「その人のことを分かってあげる」。緑を置いた人は、どこに共感したの？
●こんなとき、無関心はだめだと思う。

「少しの勇気」。青を置いた人は、どんなことを聞きたいのかな？
●いいことをするのに、勇気がいると思ったから。

補助発問 1

バスの乗客は、拍手をしながら心の中でどんな言葉をつぶやいていると思いますか？
●赤ちゃん、泣いてもいいよ。　　●赤ちゃん、よかったね。
●お母さん、心配しないで。　　●お母さん、乗っていってもいいよ。
●運転手さん、かっこいい。　　●運転手さん、ありがとう。
●1人目の拍手の人、ありがとう。

補助発問 2

拍手をしているとき、乗客はどんな表情をしていると思いますか？
●笑顔。
●幸せそうな顔。

●　緑のマグネット ➡ 共感できる意見
●　青のマグネット ➡ もう少し考えを聞いてみたい意見

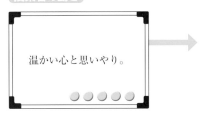

授業者の動き

温かい心と思いやり。

■Aさん、もう少し詳しく説明して
　ください。

■緑を置いた人は、どんなところに
　共感したのですか。

その人のことを
分かってあげること。

■Cさん、もう少し詳しく教えてく
　ださい。
■緑を置いた人は、どんなところに
　共感したのですか。

児童の反応

取り上げたポイント

最も多い意見なので、どのような点に着目
しているかをつかむために取り上げた。

・温かい心をもっていないと、他の人のことを
　心配したりすることはできないし、やっぱり
　大切だなと思ったから。
・温かい心っていいなと思ったから。
・私も同じで、心が温かくないと人を思いやる
　ことができないと思う。
・バスの中で困っている人がいるのに、知らん
　ぷりはできない。やっぱり、思いやりは絶対
　に大切！

取り上げたポイント

知らない人に対する他者理解は、現実的に
は難しいことではあるが、1人の人間とし
て大切にしたいという思いをしっかりと自
覚するために取り上げた。

・無関心が一番ダメ。例えば困っているのかな
　とか、私たちが感じることが大切だと思う。
・私も無関心はダメだと思う。
・困っていると自分が気付いたら、無視したら
　ダメだと思う。

児童の感想

●感じたことは、主に2つあります。1つ目は、人の思いは、言葉以外でも伝わる
　こと。2つ目は、1人の思いから、たくさんの人につながっていくことです。「拍手」
　は無言でただ手を叩けばいいのですが、1人の拍手から大きな拍手につながって
　いく。このことに心を打たれました。

ネットを活用した対話・交流の「動き」

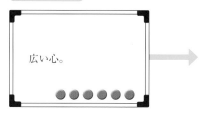

広い心。

取り上げたポイント

青のマグネットが多く、その具体的な内容を知りたいと感じた児童が多かったので、取り上げた。

■ Dさん、もう少し詳しく教えてください。

■ 青を置いた人、今のDさんの説明を聞いて、どう思いますか。

■ 皆さんに聞きます。今のDさんの意見のどんな点がよいと思いますか。

・自分のことばかり考えてはダメだということ。自分勝手を防ぐためにも、広い心が大切だと思う。
・今の説明は、よく分かる。

・自分勝手はダメだということは、私も同感で、いいなあと思いました。
・広い心があれば、まわりも見えてくると思ったので。

取り上げたポイント

青のマグネットが多く、その具体的な内容を知りたいと感じた児童が多かったので、取り上げた。

少しの勇気。

■ Eさん、もう少し詳しく教えてください。

・知らない人に声をかけるって、怖いなあと思う。でも、知らないふりをしていたら、きっとその人は困ったままになる。だから、ちょっとだけ勇気をもって行動することが大事だと思う。

・今日の授業を通して、私は友達、世界の人々の中で、だれか困っている人がいたら助けて、思いやり、身ぶり手ぶりで表していたいなと思いました。
・この話が実話ということに、今でも驚いています。やっぱり、一人一人の行動がみんなの力になるんだということを感じました。

6年生

言葉のおくり物

出典

「小学道徳　生きる力6」［日本文教出版］

「動き」	教師代替	代表児童	その場	グループ	全員参加
教材情景の再現				○	○
音の再現					○
登場人物の思いを再現				○	○
児童の自覚を再現				○	○

主題とねらい

主題名 男女の友情と協力

ねらい 男女を問わず友達に誠意をもって接し、互いのよさを認め信頼し合いながら、仲よく助け合おうとする心情を育む。

教材の特質

（1）教材の概要

　一郎はからかわれることを嫌がり、すみ子をわざと避けようとする。しかし、小さなことにこだわらないすみ子は、たかしのリレーでの失敗を許し、一郎の誕生日には「言葉のおくり物」をする。その言葉に、教室から拍手が起こる。

（2）教材の読み

- 自己の考えを深める人物 … 一郎
- 考えを深めるきっかけ　… すみ子の「言葉のおくり物」
- 考えを深める場面　　　… 教室で拍手が起きた場面

ここに注目! 教室で起こる拍手

　すみ子の一貫した考えは、一郎、たかし、そしてクラスの全員も分かっていたはずである。すみ子の「言葉のおくり物」は、それを改めて確認する場であった。自然発生的に起きた拍手には、すみ子への共感の表れである。
　そこで、拍手が起き、みんなが一郎と拍手を始めた場面を想像し、場面再現の「動き」を通してねらいに迫っていく。

「動き」のPOINT

１．道徳的諸価値に基づく前理解を表出する「動き」
　リレー後の会話の場面を、**グループの「動き」**で再現し、たかしやすみ子の思いや考えをつかむ。
２．道徳的価値に向き合い、自己を見つめる「動き」
　「言葉のおくり物」の後、教室に拍手が起こった場面を、**全員参加の「動き」**で再現し、一郎の気付きを深く考えていく。
３．対話・交流し、多面的・多角的に考える「動き」
　「言葉のおくり物」の後、一郎の心の中でのつぶやきをホワイトボードに書き、マグネットによって対話、交流する。そして、相互評価と自己評価を繰り返して、考えを深めていく。

STEP 1　動きⅠ　**道徳的諸価値に基づく前理解を表出する「動き」**　 8分

リレー後の会話の場面を、**グループの「動き」**で再現し、たかしやすみ子の思いをつかむ。

分担 たかし：児童1　　すみ子：児童2

「動き」のポイント

・「ごめん、失敗した」と言葉を発するたかしの表情、目線、声の抑揚
・「たかしさん、こんなこともあるのよ。気にしない、気にしない」と
　言葉を発するすみ子の表情、目線、声の抑揚

「動き」のシナリオ

○グループの「動き」

　　児童1：ごめん、失敗した。
　　児童2：たかしさん、こんなこと
　　　　　　もあるのよ。気にしない、
　　　　　　気にしない。

たかしとすみ子を演じる児童

 すみ子さんは、どんな表情をしていたと思いますか？

発問

 笑顔。　　　　　　　　やさしい顔。

 すみ子さんの表情を見て、たかしは心の中でどんな言葉をつぶやいたと思いますか？

発問

 ごめん。　　　　　　　 ありがとう。

STEP 2 🏃動きⅠ ## 道徳的価値に向き合い、自己を見つめる「動き」

 12分

「言葉のおくり物」の後、教室に拍手が起こった場面を、**全員参加の「動き」**で再現し、一郎の気付きを深く考えていく。

分担 すみ子：児童1　　他の児童：学級全員

「動き」のポイント

・拍手する様子、表情

・拍手の音量

・たかしや一郎の表情

「動き」のシナリオ

○全員参加の「動き」

　児童1：一郎さん、がんばってください。お誕生日おめでとう。

　学級全員：（全員で拍手）

すみ子の言葉に拍手をする様子を演じる児童

このとき、クラスはどんな雰囲気になったと思いますか？

発問

笑顔になってきた。

少しずつ温かい雰囲気になってきた。

うれしそうな顔で拍手をしている。

展開例

STEP 3 動き Ⅱ ホワイトボードとマグネットを活用した対話・交流の「動き」 20分

 発問

教室の拍手を聞いたとき、一郎は心の中でどんな言葉をつぶやいたと思いますか？

予想される児童の反応

> みんな、
> ありがとう！

> よかった～。

> この前は、本当に
> すみ子さんに
> 申し訳ないことを
> してしまった…。

> こんなぼくでも
> いいんだ…。
> ありがとう。

> やっぱり、すみ子
> はやさしいな…。

> 明るい学級に
> できるように、
> みんなでがんばっ
> ていこう！

授業の振り返り **感想** 感じたことを自由に記入する。

対話の中で心の残った言葉を選び、その人の名前と選んだ理由を書く。

＊自分の言葉を選択してもよいこととする。

166

「動きⅡ」：ホワイトボードとマグネットを活用した対話・交流の「動き」のポイント

1　教材の特質に応じて、できるだけ多くのホワイトボードを取り上げましょう。
2　マグネットが置かれたものを取り上げることで、児童による「問い」が生まれやすい環境が整います。
3　自然な流れで考えを深めるために、4～5枚のホワイトボードを選択し、その順序を決めておくことが大切です（児童と一緒に教師も相互評価に参加し、そのときに選択します）。

相互評価の確認

「みんな、ありがとう」。緑を置いた人は、どこに共感しましたか？

●拍手をしてくれた学級全員に感謝の気持ちを伝えたいと思うから。

「よかった～」。青を置いた人は、どんなことを聞きたいですか？

●何がよかったのかなと思ったから。

補助発問 1

拍手をしたみんなは、心の中でどんな言葉をつぶやいていると思いますか？

●一郎君、おめでとう。
●よかったね。
●つられて拍手しちゃった。

補助発問 2

拍手をしているとき、一郎やたかしはどんな表情をしていると思いますか？

●笑顔。
●うれしそうな顔。

● 緑のマグネット ➡ 共感できる意見
● 青のマグネット ➡ もう少し考えを聞いてみたい意見

「動きⅡ」：ホワイトボードとマグ

■緑を置いた人は、どこに共感した
のですか。
■Aさん、何に対して「ありがとう」
なのですか。

■みんなの中には、すみ子さんは
入っていますか。

児童の反応
取り上げたポイント

半数くらいの児童が同じような表現をし、
緑を置いた人が多かったので取り上げた。

・一郎はうれしかったと思ったから。

・拍手をしてくれたみんなに、「ありがとう」
　と言っていると思った。
・自分の誕生日を祝ってくれたし、拍手をして
　くれたみんなにありがとうと言っていると思う。
・はい。
・もちろん、すみ子さんの言葉に対しても「あ
　りがとう」と言っていると思う。

取り上げたポイント

青を置いた児童が多かったため、取り上げ
た。

■青を置いた人は、どんなことを聞
きたいのですか。

■Bさん、説明してください。

・何がよかったのかなと思ったから。
・「ありがとう」ではなくて、どうして「よかっ
　た～」なんだろうと思ったので。
・自分が一郎だったらと考えました。すみ子や
　たかし、クラス全員から拍手をもらえたので
　「よかった～」と思いました。

児童の感想
●みんなのことを改めて考えました。
●○○さんの考えを聞いて考えが広がった。
●○○さんの「すみ子さんに対して、一郎はしっかり心の中で謝っている」という
　考えがよかった。

ネットを活用した対話・交流の「動き」

取り上げたポイント

こんなぼくでも
いいんだ…。
ありがとう。

➡ 一郎の気付きを確認することで、男女分け
隔てなく接することの大切さを深く考える
きっかけとして取り上げた。

■ Cさん、説明してください。

・すみ子に対して、言い過ぎてしまった反省と、
それでも自分のよいところを発言してくれた
ので「ありがとう」と思った。

■ 皆さんは、どうですか。

・「ありがとう」は友達として、一郎がすみ子
に言ったんだよ。
・みんながうれしかったんだと思う。

取り上げたポイント

明るい学級にできる
ようにみんなで
がんばっていこう！

➡ 「明るい学級」という言葉をキーワードに、
友情の本質に迫るために取り上げた。

■ 青を置いた人は、どんなことを聞
きたいのですか。
■ Dさん、説明してください。

・なぜ、明るい学級を目指そうと思ったのか。

・すみ子の言葉のおくり物に一郎が共感し、み
んなから拍手をしてもらって、明るい学級に
したいと思ったから。

■ このような学級をつくるために、
皆さんが大切にしたい考えをワー
クシートに書いてください。

・みんなのことを考え、助け合うこと。
・人をからかわないこと。
・誰かが失敗したときは、みんなで励まして、
誰かがすごいことをしたときは、一緒に喜ぶ
ことが大切。

● 私たちの学級も、今まで以上に仲よくなればいいなと思った。
● ちょっとのことで人を決め付けないようにしようと思った。
● すみ子さんの性格がやさしすぎる！
● クラスのみんなが仲よしなことはいいことだと思いました。
● 一郎やすみ子、たかしの３人の気持ちを考えることができた。

教師代替の「動き」

	光村	あかつき	東書	教出	日文	学研	光文	学図
くりのみ	○(1年)				○(1年)	○(1年)		
黄色いベンチ	○(2年)	○(2年)	○(2年)	○(1年)		○(2年)	○(1年)	○(2年)
「正直」五十円分	○(4年)	○(4年)						
雨のバスていりゅうじょで	○(4年)	○(4年)	○(4年)	○(4年)	○(4年)	○(4年)	○(4年)	○(4年)

代表児童の「動き」

	光村	あかつき	東書	教出	日文	学研	光文	学図
くりのみ	○(1年)				○(1年)	○(1年)		
二わの　ことり	○(1年)	○(1年)	○(1年)		○(1年)	○(1年)	○(1年)	○(1年)
およげないりすさん	○(2年)	○(1年)		○(2年)	○(2年)	○(2年)	○(2年)	○(2年)
よわむし太郎	○(3年)	○(3年)		○(3年)	○(4年)			○(3年)
「正直」五十円分	○(4年)	○(4年)						
うばわれた自由	○(5年)	○(6年)		○(6年)	○(5年)	○(5年)	○(5年)	○(5年)

その場での「動き」

	光村	あかつき	東書	教出	日文	学研	光文	学図
ちいさなふとん	○(1年)							
まどガラスと魚				○(3年)	○(3年)	○(3年)		○(3年)
友のしょうぞう画	○(5年)	○(5年)			○(5年)	○(5年)	○(6年)	○(6年)
コスモスの花	○(6年)							

グループの「動き」

	光村	あかつき	東書	教出	日文	学研	光文	学図
ちいさなふとん	○(1年)							
二わの　ことり	○(1年)	○(1年)	○(1年)		○(1年)	○(1年)	○(1年)	○(1年)
くりのみ	○(1年)				○(1年)	○(1年)		
およげないりすさん	○(2年)	○(1年)		○(2年)	○(2年)	○(2年)	○(2年)	○(2年)
黄色いベンチ	○(2年)	○(2年)	○(2年)	○(1年)		○(2年)	○(1年)	○(2年)
まどガラスと魚				○(3年)	○(3年)	○(3年)		○(3年)
よわむし太郎	○(3年)	○(3年)		○(3年)	○(4年)			○(3年)
「正直」五十円分	○(4年)	○(4年)						
雨のバスていりゅうじょで	○(4年)	○(4年)	○(4年)	○(4年)	○(4年)	○(4年)	○(4年)	○(4年)
うばわれた自由	○(5年)	○(6年)		○(6年)	○(5年)	○(5年)	○(5年)	○(5年)
おばあちゃんの指定席		○(6年)				○(6年)		
言葉のおくり物					○(6年)	○(5年)		

全員参加の「動き」

	光村	あかつき	東書	教出	日文	学研	光文	学図
バスと赤ちゃん		○(5年)					○(5年)	
言葉のおくり物					○(6年)	○(5年)		

おわりに

　2020年4月、新型コロナウイルスが猛威を振るい、全国の小・中学校が休校を余儀なくされている中で、私たちは、1冊の本の最終校正をしていました。それが、前著『中学校 「動き」のある道徳科授業のつくり方』です。この本の企画は、実は、2年も前から東洋館出版社にお認めいただいていたのですが、日々の忙しさと、私の遅筆が原因で、完成が遅れに遅れていたというのが、本当のところです（盟友磯部の名誉のために言いますが、実践家である彼の原稿はとっくに仕上がっておりました（苦笑））。

　しかし、そもそも、この本を発行しようと思った原点には、「子どもたちが目を輝かせ、自己の（人間としての）生き方について、共に語り合うことのできる道徳科の授業を実現したい！」という、2人の熱い思いがあったのも事実です。そして、「コロナ禍」という危機的状況にあるからこそ、子どもたちに、そして、先生方に、この本を今すぐ届けたいという切迫した思いに背中を押され、やっと完成にこぎつけたのでした。皮肉な言い方になりますが、もし、今回の「コロナ禍」ともいうべき状況がなければ、まだまだ発行が遅れていたかもしれません。

　幸いにも、一読していただいたたくさんの方々から、お褒めの言葉と励ましの言葉をいただくことができました。私たちの、この「動き」のある授業には、まだまだ改善の余地があることも承知しています。「動き」のある授業が、「深い学び」に至らない、いわゆる「活動あって学びなし」の「這い回る」授業にならないためにも、まだまだ改善をしていかなければなりません。しかし、また、世に問うからこそ、見えてくることもあります。この度の、「小学校版」の発行とともに、更なる改善を加えていく所存です。

　どうか、1人でも多くの方に、中学校版に続いて、この小学校版も手に取っていただき、明日の道徳科授業づくりの一助になることを願っています。

2021年6月　杉中康平

執筆者紹介

磯部 一雄　Isobe Kazuo

札幌市立北野台中学校教諭

平成25年度・文部科学省「私たちの道徳」作成協力委員、平成26年度・文部科学省「私たちの道徳」活用のための指導資料作成協力委員を経て、平成29・30年度、令和元年度に文部科学省教科用図書検定調査審議会専門委員を務める。日本道徳教育学会会員、日本道徳教育方法学会会員、日本道徳科教育学会理事。主な著書に、『中学校「動き」のある道徳科授業のつくり方』東洋館出版社（共著）がある。

杉中 康平　Suginaka Kouhei

四天王寺大学教育学部教授

堺市立中学校教諭、堺市教育委員会指導主事を経て、現職。「小学校道徳科教科書（平成29年・31年）」「中学校道徳科教科書（平成30年・令和２年）」（光村図書）編集代表。主な著書に、『中学校「動き」のある道徳科授業のつくり方』東洋館出版社（共著）、『楽しく豊かな道徳科の授業をつくる』『楽しく豊かな道徳科の授業をつくる２』ミネルヴァ書房（編者及び共著）。日本道徳教育学会理事、日本道徳教育方法学会監事、日本道徳科教育学会理事。

「動き」のある道徳科授業研究会

小学校・中学校の道徳科授業において、目標である「自己の生き方について考えを深める（小学校）」「人間としての生き方について考えを深める（中学校）」を実現するために、令和２年４月より発足。児童生徒の心が動いて、自己を見つめられる「動き」のある授業づくりの研究をしている。

会の詳細はこちら

小学校「動き」のある道徳科授業のつくり方

2021（令和3）年7月9日　初版第1刷発行

［著　者］　磯部一雄・杉中康平

［発行者］　錦織 圭之介

［発行所］　株式会社　東洋館出版社
　　　　　　〒113-0021　東京都文京区本駒込5-16-7
　　　　　　営業部　TEL：03-3823-9206　FAX：03-3823-9208
　　　　　　編集部　TEL：03-3823-9207　FAX：03-3823-9209
　　　　　　振　替　00180-7-96823
　　　　　　URL　http://www.toyokan.co.jp

［装　丁］　中濱 健治

［イラスト］　おおたきまりな

［組　版］　株式会社　明昌堂

［印刷・製本］株式会社　シナノ

ISBN978-4-491-04530-6 Printed in Japan